Wraps & Rolls

Unser Verlagsprogramm finden Sie unter
www.christian-verlag.de

Produktmanagement:
Annika Genning, Annemarie Heinel
Textredaktion: Monika Judä
Korrektur: Petra Tröger
Layout und Satz: Ute Schneider, u.s.design
Umschlaggestaltung:
Caroline Daphne Georgiadis, Daphne Design

Text und Rezepte: Manuela Rüther
Fotografie: Manuela Rüther, www.elaruether.de
Styling: Anja Boeffel
Foodstyling: Sonja Schubert
Fotoassistenz: Thomas Epping
Herstellung: Bettina Schippel
Repro: Repro Ludwig, Zell am See

Printed in Slovenia by Korotan, Ljubljana

Die Deutsche Nationalbibliothek verzeichnet diese
Publikation in der Deutschen Nationalbibliografie;
detaillierte bibliografische Daten sind im Internet
über http://dnb.d-nb.de abrufbar.

© 2013 Christian Verlag GmbH, München
1. Auflage 2013
Alle Rechte vorbehalten.

ISBN 978-3-86244-223-2

Christian Verlag
Postfach 400209
80702 München
E-Mail: lektorat@verlagshaus.de

Wraps & Rolls

100 Rezepte von Enchilada bis Sushi

CHRISTIAN

Inhalt

Vorwort

Rollen sind rund und bunt. In Tortillas, Kohl und Salatblättern verstecken sich feinste Füllungen. Auch Fisch und Fleisch lassen sich, dünn aufgeschnitten, prima füllen. Und das Universum der asiatischen Rollen aus Reispapier, Won-tan-Blättern oder Frühlingsrollenteig ist schier unendlich. Oder denken Sie nur an süße Köstlichkeiten wie Strudel oder Crêpes!

Rollen, so weit das Auge reicht! Kein Wunder, denn es gibt kaum eine bessere Art, köstliche Zutaten, Aromen und Konsistenzen zusammenzubringen. Deshalb finden Sie auf den folgenden Seiten 100 gerollte Lieblingsrezepte: von Enchilada bis Sushi, von Börek bis Biskuitschnecke, vom Caesar-Salad-Wrap bis zur Sommerrolle mit Honig-Ente und Ingwerkraut…

Zaubern Sie deftige oder leichte Rollen für jeden Tag, Rollen für unterwegs und als Fingerfood für das bunte Partybüfett. Und weil Dips jede Rolle gleich noch einmal so köstlich machen, finden Sie auf fünf Doppelseiten die passenden Saucen. Viel Spaß beim Rollen, Dippen und Schlemmen!

In Hülle und Fülle

Auf den folgenden Seiten finden Sie 100 Anregungen für leckere Rollen: Bevor Sie loskochen, lesen Sie auf den nächsten Seiten Tipps, was Sie bei der Zubereitung von Teigen beachten sollten und wie sich die unterschiedlichen Hüllen am besten füllen, rollen und verschließen lassen.

Tradition des Rollens

Gerollt wird in fast allen Länderküchen. In Nordeuropa und Russland werden Rouladen mit herzhaften Füllungen serviert. Aus Wien stammt der Strudel. Im Süden kommen Involtini mit mediterranen Kräutern und würzigem Parmaschinken auf den Tisch. Amerika liebt seine Enchiladas, Burritos und Fajitas. Etwas leichter mögen es die Asiaten: Sommer- und Frühlingsrollen, würzig gefüllte Won tan und Sushis bieten unendliche Variationsmöglichkeiten. Auch ein Blick in die arabische Küche lohnt sich: Zigarren, Börck und Co. sind grandiose Snacks für unterwegs.

Die Form – Rollen, Päckchen, Dreiecke

Um Rollen aus Teigen, Kohl- oder Salatblättern zu formen, klappen Sie zuerst die Seiten über die Füllung und rollen die Rolle dann von unten auf. Achten Sie darauf, dass Sie die Füllung schön fest einrollen. Alternativ können Sie nach dem Briefumschlagprinzip vorgehen: Schneiden Sie Strudel- oder Filoteig, Frühlingsrollen oder Blätterteig in Quadrate, setzen Sie die Füllung in die Mitte und verschließen Sie die Päckchen wie einen Briefumschlag.

Sehr hübsch sehen Teigtaschen in Dreiecksform aus wie zum Beispiel der Börek mit Lammhack und Minze (siehe Seite 34). Dazu schneiden Sie rechteckige Teigstücke und setzen unterhalb der Mitte jeweils 1–2 Esslöffel Füllung darauf. Die untere rechte Ecke wird dann nach links über die Füllung geschlagen. Die eingeschlagene Ecke wiederum klappt man über die Seite nach rechts oben und macht abwechselnd so weiter, bis eine dreieckige Teigtasche entstanden ist. Legen Sie für dekorative Päckchen aus Kohl, Spinat oder Mangold eine flache Tasse, ein Schälchen oder eine Suppenkelle mit Blättern aus und geben Sie die Füllung hinein. Schlagen Sie dann die Blätter darüber, stürzen Sie das Päckchen auf die Arbeitsfläche und binden Sie es mit Bratengarn zu.

Rollen verschließen

Damit die Füllung in der Rolle bleibt, werden Rollbraten, Kohl- und Salatrollen nach dem Einrollen am besten mit Bratengarn oder mit Zahnstochern fixiert. Neben den schlichten Varianten gibt es hübsches Garn in allen möglichen Farben und dekorative Holzspieße, die Ihre Rollen aufpeppen und überdies eine aparte Tischdekoration ergeben.

Damit kleine Rollen aus Frühlingsrollen-, Filo- und Blätterteig gut zusammenhalten, sollten Sie ihre Ränder „verkleben". Dazu verquirlen Sie ein ganzes Ei oder ein Eiweiß mit einer Prise Salz und bestreichen die Ränder sehr dünn damit. Alternativ können Sie Stärke mit etwas Wasser anrühren und auf die gleiche Weise als Kleber benutzen. Hefeteigtaschen müssen dagegen nicht verklebt werden. Drücken Sie die Ränder stattdessen mit den Fingern oder einer Gabel fest zusammen.

Rollen zum Glänzen bringen

Um Rollen und Strudel zum Glänzen zu bringen, gibt es verschiedene Möglichkeiten. Bestreichen Sie Strudel beim Backen immer wieder mit flüssiger Butter. Gebäck aus Hefe-, Blätter- oder Filoteig bestreichen Sie vor dem Backen mit einer Mischung aus Eigelb und Milch. Verwenden Sie statt der Mischung nur Milch, bekommt das Gebäck einen matten Glanz. Besonders hübsch sehen Rollen aus, wenn sie mit einer passenden Zutat wie gehackten Nüssen, Pistazien, Schwarzkümmel oder Sesam bestreut werden.

Die Hüllen – Teige ruhen lassen

Wer noch nie einen Nudelteig verarbeitet hat, wird beinahe verzweifeln. Denn dieser Teig ist schrecklich zäh und will sich so gar nicht formen lassen. Haben Sie auch schon einmal versucht, einen Hefeteig sofort nach dem Kneten zu formen? Oder einen Strudelteig? Zwecklos, denn alle Teige müssen sich vor der Verarbeitung erst einmal 10–20 Minuten entspannen. Nur so wird das Gerüst aus Klebereiweiß, das im Teig für die Bindung sorgt, elastisch und formbar.

Dies gilt auch für Hefeteig. Dieser sollte zwischen dem letzten Gehen und dem Formen aber nicht länger als 5–10 Minuten bei Raumtemperatur liegen, sonst geht er zu sehr auf und wird dann beim Backen trocken. Alternativ können Sie Hefeteig nach dem letzten Kneten portionsweise in Klarsichtfolie wickeln und bis zur Verwendung in den Kühlschrank legen. Dann lässt er sich gut verarbeiten und klebt kaum an der Arbeitsfläche. Gerade für gerollte Hefebrote, Grissini oder Hefeteigtaschen ist das hilfreich.

Die Oberflächen aller Teige trocknen aus, wenn sie zu lange auf der Arbeitsfläche liegen, und bekommen beim Ausrollen hässliche Risse. Darum sollten Sie die Teigstücke, die nicht sofort verarbeitet werden, mit Klarsichtfolie abdecken.

Der Strudel – Eigentlich ganz einfach

Strudelteig gibt es – wie fast alle Teige – fertig zu kaufen. Es lohnt sich aber, ihn selbst zuzubereiten, denn so wird er wirklich hauchdünn und beim Backen besonders knusprig. Beim ersten Strudel klappt das Ausziehen vielleicht noch nicht so ganz, doch mit etwas Übung lesen Sie bald Zeitung durch Ihren Teig!

Was ist wichtig, damit der Strudelteig hauchdünn wird? Zunächst muss der Teig entspannen (siehe Seite 9). Formen Sie je nach Teigmenge zwei oder mehr Kugeln aus dem Teig, reiben Sie diese mit etwas Pflanzenöl ein, wickeln Sie sie in Klarsichtfolie und lassen Sie sie 20 Minuten bei Raumtemperatur ruhen. Rollen Sie anschließend je eine Teigkugel auf der mit Mehl bestäubten Arbeitsfläche zu einem Rechteck aus und legen Sie dieses auf ein ebenfalls mit Mehl bestäubtes Küchenhandtuch. Ziehen Sie das Teigrechteck mit bemehlten Händen über die Handrücken vorsichtig nach allen Seiten.

Achten Sie darauf, dass Sie den Teig gleichmäßig dehnen, damit er nicht reißt. Fahren Sie so lange fort, bis der Teig gleichmäßig ausgezogen ist, schneiden Sie die dicken Kanten ab und besprenkeln Sie den Teig mit flüssiger Butter. Streuen Sie auf das untere Drittel Semmelbrösel, denn diese stabilisieren die Füllung und nehmen beim Backen überschüssige Flüssigkeit auf.

Rollen aus Kohl – Der Ärger mit dem Strunk

Kohlrouladen werfen gleich zwei Probleme auf: Wie löst man die schönen Kohlblätter ab, ohne dass diese reißen? Und wie formt man trotz der dicken Blattrippen Rollen daraus? Das erste Problem lösen Sie, indem Sie den Strunk des Kohlkopfs herausschneiden und die äußeren Blätter – soweit möglich – abnehmen. Kochen Sie den Kopf dann einige Minuten in gesalzenem Wasser und nehmen Sie immer wieder die äußeren Blätter ab. Sie lassen sich nun ganz einfach ablösen. Für formschöne Rollen ist es nötig, die Blätter zu plattieren. Klopfen Sie die dicken Rippen mithilfe einer stabilen Suppenkelle oder dem Rücken eines breiten Messers vorsichtig flach. Nun lassen sich die Rouladen problemlos formen.

Das Reispapier – Schnell rollen und aufessen

Reispapier wird kurz in lauwarmem Wasser eingeweicht und unmittelbar danach gerollt. Sie sollten die Rollen nicht auf Vorrat zubereiten, denn sie kleben zusammen und werden schnell trocken. Stellen Sie für Ihre Gäste einfach die Zutaten auf den Tisch und lassen Sie sie selbst rollen. So schmecken die Rollen frisch und das Papier hat die optimale Konsistenz. Wollen Sie Reispapierrollen frittieren, achten Sie darauf, dass Sie die Füllung möglichst fest einrollen und die Rollen bei hoher Temperatur ausbacken. Benutzen Sie einen Topf mit hohem Rand und seien Sie vorsichtig, denn wenn die Rollen aufplatzen, spritzt das heiße Fett

Sushi-Vielfalt

Verzweifeln Sie nicht: Sushi zu rollen, erfordert etwas Übung. So richtig schön werden die Rollen erst mit der Zeit. Es lohnt sich aber, mit Sushimatte, Reis und verschiedenen Füllungen zu experimentieren, um die wunderbare Sushi-Vielfalt kennenzulernen.

Rollen frisch genießen

Die meisten Rollen schmecken frisch am besten. Vor allem Sushi mit rohem Fisch, aber auch Wraps mit frischem Salat sollten Sie binnen kurzer Zeit essen. Eine Ausnahme sind deftige Rouladen und Rollbraten.

Sie lassen sich gut wieder erwärmen und schmecken dann fast noch einmal so gut. Teige kann man jedoch wunderbar auf Vorrat zubereiten und einfrieren. Auch Teigreste lassen sich wiederverwenden: Verkneten Sie sie und bewahren Sie sie in Folie verpackt im Tiefkühlfach auf.

Die Füllung

Nur Mut: Lassen Sie sich von den Rezepten inspirieren und probieren Sie alle möglichen Füllungen aus! Hauptsache, das Zusammenspiel der unterschiedlichen Konsistenzen ist stimmig. Cremige Füllungen sind doppelt so köstlich, wenn sie in krossen Hüllen stecken oder knusprige Komponenten enthalten. Füllungen mit Gelatine dürfen nie zu fest sein. Eine Hackfleischfüllung sollte vollmundig und saftig schmecken. Mit Salat gefüllte Wraps schmecken besonders gut, wenn man sie mit knusprigen Nüssen und nach Belieben mit etwas würzigem Käse oder frischem Joghurt serviert. Achten Sie immer darauf, dass die Füllungen ausgewogen gewürzt sind. Falls die Rollen kalt gegessen werden, würzen Sie sie ruhig etwas kräftiger. Strudelfüllungen dürfen nicht zu flüssig sein, da der Strudel sonst leicht aufreißt und ausläuft.

In Teig gerollt

Welch eine Vielfalt! In diesem Kapitel verstecken
sich aromatische Füllungen in den unterschied-
lichsten Teigen. Neben Mais- und Weizentortillas
gibt es Pfannkuchen, Omeletts, Crêpes, Teig
aus Kartoffeln, knusprigen Strudel- und Blätterteig, selbst gemachten Nudelteig oder Rollen aus
Filo- und Hefeteig. Freuen Sie sich auf Köstlichkeiten von Enchilada bis Börek.

Enchiladas mit Erbsen, Minze und Ziegenfeta

Zubereitung 30 Minuten
Ergibt 4–6 Enchiladas

Zutaten

4–6 Weizen- oder Maistortillas

Für die Füllung

350 g frisch gepalte Mark- oder Gartenerbsen (ersatzweise TK-Erbsen)
Salz
einige Zweige Minze
Saft von ½ Zitrone
2 TL Zucker
3 EL Olivenöl
frisch gemahlener Pfeffer
200 g Zuckerschoten
1 EL schwarzer Sesam
200 g Ziegenfeta
1 kleiner Kopf Romanasalat
Shiso-Kresse zum Garnieren

▌ Die Erbsen in 1 Liter kochendem Salzwasser
5–6 Minuten blanchieren. Durch ein Sieb abseihen
und dabei das Kochwasser auffangen. Die Erbsen
kurz mit kaltem Wasser abbrausen. 2–3 Esslöffel
beiseitestellen.

▌ Die Minze waschen und trocken schütteln. Einige
Minzeblätter beiseitelegen, die restlichen in feine
Streifen schneiden und mit den Erbsen in eine

Küchenmaschine geben. 4–6 Esslöffel Kochwasser,
die Hälfte des Zitronensafts, 1 Teelöffel Zucker sowie
2 Esslöffel Olivenöl hinzufügen und alles fein pürieren. Mit Salz und Pfeffer abschmecken.

▌ Die Zuckerschoten waschen. Das restliche Olivenöl
in einer Pfanne erhitzen und die Schoten darin kurz
anbraten. Mit Salz und dem zweiten Teelöffel
Zucker bestreuen, 1 Minute rühren und mit dem
restlichen Zitronensaft beträufeln.

▌ Den Sesam in einer Pfanne ohne Fett rösten. Den
Ziegenfeta grob würfeln. Vom Romanasalat den
Strunk abschneiden, die Blätter waschen, trocken
schütteln und in mundgerechte Stücke zupfen.

▌ Die Tortillas in einer Pfanne oder im Backofen erwärmen. Das Erbsenpüree darauf verteilen, dann
mit Romanasalat, den Zuckerschoten und dem
Ziegenkäse belegen. Zuletzt mit dem Sesam, den
beiseitegestellten Erbsen und der Shiso-Kresse
bestreuen. Die Enchiladas zusammenrollen und
mit den Minzeblättern garnieren.

Tipp: Enchiladas kann man fix und fertig gerollt
auf den Tisch bringen, doch traditionell werden
Tortillas und Zutaten getrennt serviert und jeder kann
sie sich selbst belegen. Mit etwas Zitrone und Salz
abgeschmeckte Sauerrahm, Rauke-Pinienkern-Pesto
(siehe Seite 105) oder Wildkräuteröl (siehe Seite 61)
passen gut dazu.

Waldpilz-Kräuter-Fajita

Zubereitung 30 Minuten plus 1–2 Stunden zum Kochen und 15–20 Minuten zum Backen
Ergibt 4–6 Fajitas

Zutaten

4–6 Weizen- oder Maistortillas

Für die Füllung
600 g Rindfleisch (aus der Schulter oder der Keule)
100 g gemischte Waldpilze
5 Zwiebeln
3 Knoblauchzehen
½ grüne Chilischote
1 EL Olivenöl, mehr zum Fetten des Backblechs
Salz
frisch gemahlener Pfeffer
1 TL Paprikapulver
1 TL gemahlener Koriander
300 ml Bier
75 g durchwachsener Speck, gewürfelt
Saft von ¼ Zitrone
½ Bund Petersilie
½ Bund Schnittlauch
150 g würziger Hartkäse, gerieben

▮ Das Fleisch klein würfeln. Die Pilze putzen und in Scheiben schneiden. Zwiebeln und Knoblauch schälen und fein würfeln. Die Chilischote fein hacken.

▮ Das Olivenöl in einem Schmortopf erhitzen. Das Fleisch von allen Seiten anbraten, salzen und pfef-fern. Die Hälfte der Zwiebeln, den Knoblauch und die Chilischote zufügen und so lange braten, bis die Zwiebeln leicht gebräunt sind. Mit Paprikapulver und Koriander würzen. Das Bier und so viel Wasser angießen, dass das Fleisch bedeckt ist. Das Fleisch bei halb aufgelegtem Deckel in 1–2 Stunden bei sanfter Hitze weich schmoren.

▮ Den Inhalt des Schmortopfes durch ein Sieb absei-hen und die Schmorflüssigkeit auffangen. Diese nochmals aufkochen und um zwei Drittel reduzie-ren. Das Fleisch mit Folie bedecken und beiseite-stellen.

▮ Den Backofen auf 200 °C vorheizen. Die Speckwür-fel in einer Pfanne ohne Fett kross braten. Die Pilze dazugeben, 5–7 Minuten mitbraten und mit Salz, Pfeffer und etwas Zitronensaft abschmecken. Peter-silie und Schnittlauch waschen, fein hacken und unter die Speck-Pilz-Masse rühren.

▮ Die Weizentortillas nebeneinander auf ein gefettetes Backblech legen und im vorgeheizten Backofen leicht erwärmen. Zuerst das Fleisch, dann die Speck-Pilz-Masse und die restlichen Zwiebeln darauf verteilen. Die Tortillas zusammenrollen, mit gerie-benem Käse bestreuen und 15–20 Minuten über-backen.

Tipp: Fajita war ursprünglich ein mit Kronfleisch gefüllter Maisfladen und das Essen der Viehtreiber, die dieses Fleisch nach einem Schlachttag gratis beka-men. Diese Variante ist üppiger und schmeckt mit Sauerrahm oder Roher Tomatensalsa (siehe Seite 105) besonders gut.

Kürbis-Burrito mit Hähnchen und Zitronenthymian

Zubereitung 30–40 Minuten plus
20 Minuten zum Backen
Ergibt 4–6 Burritos

Zutaten

4–6 Weizen- oder Maistortillas

Für das Fleisch

350 g Hähnchenbrust | Salz | frisch
gemahlener Pfeffer | 6 EL Olivenöl
2 Schalotten | 2–3 Zweige Zitronen-
thymian | 1 EL Honig | 100 ml Weiß-
wein | Saft von 1 ½ Limetten
2 EL süße Sojasauce | 30 g Ingwer
4 Knoblauchzehen | 1 rote Chilischote

Außerdem

450 g Hokkaidokürbis | 1 Prise Zucker
4 Frühlingszwiebeln | 150 g Ziegen-
frischkäse

▌**Fleisch:** Die Hähnchenbrust salzen, pfeffern und in 2 Esslöffeln Olivenöl anbraten. In Ringe geschnittene Schalotten und Zitronenthymianblätter 2 Minuten mitbraten. Honig und Weißwein zufügen und aufkochen. Das Fleisch zugedeckt bei reduzierter Hitze in 8–10 Minuten gar ziehen lassen, herausnehmen und in feine Streifen schneiden. Den Sud um zwei Drittel einkochen. Über die Hähnchenstreifen gießen.

▌Zwei Drittel des Limettensafts, 2 Esslöffel Olivenöl und die Sojasauce verrühren. Geschälten Ingwer, Knoblauch und die von den Samen befreite Chilischote sehr fein hacken. Alles vermischen, die Hähnchenstreifen darin 1–2 Stunden ziehen lassen.

▌Den entkernten Kürbis fein würfeln. Im restlichen Olivenöl 5 Minuten braten. Mit Salz, Pfeffer und etwas Zucker würzen, 1 Minute weiterbraten. Den restlichen Limettensaft und etwa 100 Milliliter Wasser zufügen. Die Flüssigkeit einkochen lassen. (Die Kürbisstücke sollen gar, aber noch bissfest sein.)

▌Den Backofen auf 200 °C vorheizen. Die Tortillascheiben auf einem Backblech anwärmen, dann mit dem Ziegenfrischkäse bestreichen. Hähnchen, Kürbisstücke und die in feine Ringe geschnittenen Frühlingszwiebeln darauf verteilen. Die Tortillas einrollen und in 20 Minuten kross backen.

Chimichanga mit Mais, Avocado und Koriander

Zubereitung 30 Minuten
Ergibt 4–6 Chimichangas

Zutaten

4–6 Weizentortillas

Für die Fleischfüllung

3 Tomaten | 1 rote Zwiebel | 1 rote
Chilischote | 300 g Hackfleisch
2 EL Olivenöl | Salz | frisch gemahle-
ner Pfeffer | 1 TL Paprikapulver
200 g Maiskörner

Für die Avocadocreme

200 g Schafskäse | 2 Avocados
Saft von 1 Limette | 1 Bund Korian-
der | Pflanzenöl zum Ausbacken

▌**Fleischfüllung:** Die Tomaten grob würfeln. Die Zwiebel schälen, fein würfeln und die von den Samen befreite Chilischote sehr fein hacken. Das Hackfleisch im heißen Öl anbraten. Mit Salz, Pfeffer und Paprikapulver pikant abschmecken. Tomaten, Zwiebel- und Chiliwürfel und Maiskörner zufügen und so lange braten, bis der Tomatensaft eingekocht ist. Etwas abkühlen lassen.

▌**Avocadocreme:** Den Schafskäse würfeln. Das Fruchtfleisch der Avocados zerdrücken und mit Salz, Pfeffer und Limettensaft würzen. Den Koriander waschen, trocken schütteln und die Blätter fein schneiden. Alle Zutaten gut verrühren.

▌Den Backofen auf 175 °C vorheizen. Die Tortillas nebeneinanderlegen und leicht erwärmen. Die Avocado-Käse-Mischung, dann das Hackfleisch darauf verteilen. Die Seiten der Tortillas zur Mitte klappen, sodass sie 1–2 Zentimeter über der Füllung liegen. Von unten fest einrollen und mit Zahnstochern fixieren. Reichlich Pflanzenöl auf 170 °C erhitzen. Die Tortillapäckchen darin goldbraun ausbacken. Herausnehmen und auf Küchenpapier entfetten.

Green-Caesar-Salad-Wrap

Zubereitung 30–40 Minuten
Ergibt 4–6 Wraps

Zutaten

1 Kopf Romanasalat
100 g Weißbrot
2 EL Butter

Für das Dressing
2 Knoblauchzehen
5 Sardellenfilets
100 g Parmesan, gerieben
125 ml Sauerrahm
125 ml Schlagsahne
Saft von ½ Zitrone
Salz
1 Msp. Cayennepfeffer

Für den Wrapteig
50 g Basilikum
150 ml Milch
4 Eier
100 g Mehl
Öl zum Braten

▌ Vom Romanasalat den Strunk und die äußeren Blätter entfernen. Die übrigen Blätter waschen, trocken schütteln und in mundgerechte Stücke zupfen.

▌ Das Weißbrot würfeln und die Butter in einer Pfanne zerlassen. Die Weißbrotwürfel darin goldgelb und knusprig braten, dann auf Küchenpapier entfetten.

▌ **Dressing:** Den Knoblauch schälen und fein hacken. Die Sardellenfilets ebenfalls hacken. Knoblauch, Sardellenfilets und die Hälfte des Parmesans mit dem Sauerrahm und der halbsteif geschlagenen Sahne verrühren und mit Zitronensaft, Salz und Cayennepfeffer abschmecken.

▌ **Wrapteig:** Das Basilikum waschen und trocken schütteln. Einige Blätter beiseitestellen, die restlichen zusammen mit etwas Milch in der Küchenmaschine fein pürieren. Die Eier trennen und die Basilikummilch mit der restlichen Milch, den Eigelben, dem Mehl und 1 Prise Salz zu einem glatten Teig verrühren. Die Eiweiße mit 1 Prise Salz steif schlagen und unterziehen. Je 1 Esslöffel Öl in einer kleinen, beschichteten Pfanne erhitzen und nacheinander 4–6 Pfannkuchen ausbacken, dann etwas abkühlen lassen.

▌ Den Salat mit dem Dressing verrühren und auf den Pfannkuchen platzieren. Die Croûtons, den restlichen Parmesan und die Basilikumblätter daraufstreuen. Jeden Pfannkuchen wie ein Omelett zusammenklappen und sofort servieren.

Frühlingssalate und Ei im Quinoa-Wrap

Zubereitung 20 Minuten
Ergibt 4–6 Wraps

Zutaten

Für den Wrapteig
100 g Quinoa | 2 TL Kreuzkümmel
Salz | 4 Eier | 150 ml Milch
100 g Mehl | Rapsöl zum Ausbacken

Für den Salat
150 g Baby-Leaves | 100 g Wild-
kräutersalat-Mischung | 20 g Pinien-
kerne | 4 EL Olivenöl | Saft von
1 Limette | 1 Prise brauner Zucker
Salz | frisch gemahlener Pfeffer

Außerdem
2–3 Eier, hart gekocht
4–6 EL Guacamole (siehe Seite 33)

▌ **Wrapteig:** Quinoa und Kreuzkümmel in 200 Milliliter Salzwasser aufkochen und 10 Minuten köcheln lassen. Auf der ausgeschalteten Herdplatte so lange quellen lassen, bis das gesamte
Wasser verdampft ist. Die Eier trennen und die Eigelbe mit
1 Prise Salz, der Milch und dem Mehl zu einem glatten Teig
verrühren. Die Eiweiße mit 1 Prise Salz steif schlagen und
mit dem Quinoa unter den Teig mischen. Je 1 Esslöffel Rapsöl
in einer beschichteten Pfanne erhitzen und nacheinander
4–6 Pfannkuchen ausbacken. Auf einem Rost abkühlen lassen.

▌ **Salat:** Die Salate waschen und trocken schleudern. Die Pinienkerne in einer Pfanne ohne Fett goldbraun rösten. Olivenöl
mit Limettensaft, Zucker, Salz und Pfeffer verrühren. Die Salatblätter mit den Pinienkernen und dem Dressing mischen.

▌ Die Eier pellen und halbieren. Auf jedem Pfannkuchen 1 Esslöffel Guacamole verteilen, den Salat und die Eier daraufgeben
und jeden Pfannkuchen mithilfe von Pergamentpapier wie eine
Tüte einrollen. Sofort servieren.

Kräuteromelett mit Roter Bete und Sonnenblumenkrokant

Zubereitung 30 Minuten
Ergibt 4–6 Omeletts

Zutaten

Für die Omeletts
je ½ Bund Kerbel und Schnittlauch
¼ Bund glatte Petersilie
2 Zweige Estragon
3 TL Speisestärke | 3 Eier und
3 Eigelb | Salz | frisch geriebene
Muskatnuss | Olivenöl

Für die Füllung
4 Rote Beten, gegart
4 EL alter Balsamicoessig
frisch gemahlener Pfeffer | Zucker
100 g Rauke | 50 g Sonnenblumen-
kerne | 100 g Ricotta

▌ **Omeletts:** Die Kräuter waschen, trocken schütteln und fein
hacken. Die Stärke mit 2 Esslöffeln Wasser glatt rühren und
mit den Kräutern, Eiern, Eigelben, Salz und Muskatnuss zu
einem glatten Teig verrühren. Etwas Öl in einer beschichteten
Pfanne erhitzen und nacheinander bei mittlerer Hitze 4–6 sehr
dünne Omeletts darin backen (sie sollen keine Farbe annehmen). Auf einem Rost abkühlen lassen.

▌ **Füllung:** Die Roten Beten schälen, raspeln und mit 2 Esslöffeln Balsamicoessig, 2–3 Esslöffeln Olivenöl, Salz, Pfeffer
und 1 Prise Zucker marinieren.

▌ Die Rauke waschen, trocken schleudern und mit Salz und
Pfeffer sowie dem restlichen Essig und 1–2 Esslöffeln Öl
marinieren.

▌ Die Sonnenblumenkerne in einer Pfanne ohne Fett rösten,
dann 1 Esslöffel Zucker dazugeben und so lange rühren, bis
dieser karamellisiert ist und die Kerne ummantelt.

▌ Jedes Omelett mit etwa 1 Esslöffel Ricotta bestreichen, mit
Roter Bete und Rauke belegen und mit den Sonnenblumen-
kernen bestreuen. Jedes Omelett zu einer Rolle formen.

Bärlauchrolle mit Forelle, Apfel und Walnuss

Zubereitung 30 Minuten plus 6 Stunden zum Kühlen
Für 6 – 8 Personen als Vorspeise

Zutaten

Für die Crêpes
50 g Bärlauch
2 Eier
200 ml Milch
80 Mehl
50 g flüssige Butter
Salz
Öl zum Backen

Für die Füllung
50 g Walnusskerne
250 g geräucherte Forellenfilets
200 g Crème fraîche
1 großer, saurer Apfel
1 Schalotte
abgeriebene Schale und Saft von
½ unbehandelten Zitrone
Salz
frisch gemahlener Pfeffer

❚ **Crêpes:** Den Bärlauch waschen und sehr fein hacken. Mit Eiern, Milch, Mehl, flüssiger Butter und etwas Salz zu einem glatten Teig verrühren. Jeweils 1 Esslöffel Öl in einer beschichteten Pfanne erhitzen und etwas Teig hineingeben. Nacheinander 6 dünne Crêpes backen und auf einem Rost abkühlen lassen.

❚ **Füllung:** Die Walnusskerne hacken, in einer Pfanne ohne Fett leicht anrösten und beiseitestellen. Die Forellenfilets würfeln und mit der Crème fraîche in der Küchenmaschine oder im Mixer grob pürieren. Den Apfel und die Schalotte schälen, sehr fein würfeln und mit der Zitronenschale unter die Creme rühren. Die Füllung mit Zitronensaft, Salz und Pfeffer abschmecken.

❚ Je 2 Crêpes nebeneinander auf ein großes Stück Pergamentpapier legen. Die Ränder sollen jeweils 5 Zentimeter überlappen. Die Forellencreme daraufstreichen und die Walnusskerne darüberstreuen, dabei oben und unten einen 2 Zentimeter breiten Rand lassen. Die Crêpes mithilfe des Papiers von der langen Seite zu festen Rollen aufrollen. Diese in das Papier einschlagen, mit Folie bedecken und mindestens 6 Stunden im Kühlschrank ruhen lassen. Die Rollen mit einem scharfen Sägemesser in Scheiben schneiden (sie sollen zum Verzehr Raumtemperatur haben).

Tipp: Reichen Sie die Bärlauchrolle mit Salat und Knäckebrot als Snack oder Vorspeise.

Tomatenwrap mit Garnelen, Pak-Choi und Sesamtopping

Zubereitung 30 Minuten
Ergibt 8–12 Wraps

Zutaten

Für die Crêpes
50 g getrocknete und gesalzene Tomaten
3 Eier
Salz
70–100 ml Tomatensaft
100 g Mehl

Für die Füllung
8 kleine Pak-Choi
2 Knoblauchzehen
125 g Kirschtomaten
24 Riesengarnelen
Sesamöl zum Braten
Saft von ½ Zitrone
2 EL Sojasauce
1 EL Fischsauce
1 Msp. Cayennepfeffer
Zucker
2 EL Sesamsaat
1 EL Kreuzkümmel
150 g Frischkäse
Rapsöl zum Braten

▌ Die getrockneten Tomaten für die Crêpes mit kochendem Wasser übergießen und 20 Minuten ziehen lassen.

▌ **Füllung:** Den Strunk der Pak-Choi entfernen, diese vierteln, gut waschen und trocken schütteln. Den Knoblauch schälen und fein hacken. Die Tomaten waschen und halbieren. Die Garnelen kalt abbrausen, pulen, halbieren und den Darm entfernen.

▌ 2 Esslöffel Sesamöl erhitzen. Die Garnelen und den Knoblauch darin anbraten. Mit Zitronensaft, der Hälfte der Sojasauce und Fischsauce und etwas Cayennepfeffer würzen und beiseitestellen.

▌ Wiederum 2 Esslöffel Sesamöl in einer sauberen Pfanne erhitzen und den Pak-Choi darin anbraten. Die Kirschtomaten unterrühren und 2 Minuten mitbraten. Die gebratenen Garnelen zufügen. Mit der restlichen Sojasauce und Fischsauce und etwas Zucker abschmecken und beiseitestellen.

▌ Sesam und Kreuzkümmel in einer Pfanne mit 1 Teelöffel Sesamöl rösten, dann in einem Mörser zerstoßen und beiseitestellen.

▌ **Crêpes:** Die Tomaten durch ein Sieb abseihen und gut ausdrücken, dabei die Flüssigkeit auffangen. Die Tomaten mit wenig Einweichwasser in einer Küchenmaschine pürieren und mit Eiern, Tomatensaft und Mehl zu einem glatten Teig verrühren. Je 1 Esslöffel Rapsöl in einer kleinen, beschichteten Pfanne erhitzen, je eine Kelle Teig hineingeben und nacheinander dünne Crêpes backen.

▌ Den Frischkäse gleichmäßig auf den Crêpes verstreichen. Je 1–2 Esslöffel Pak-Choi-Garnelen-Masse darauf verteilen. Mit der Sesam-Kreuzkümmel Mischung bestreuen. Die Crêpes falten und sofort servieren.

Tipp: Dazu schmeckt: Rohe Tomatensalsa (siehe Seite 105), Koriander-Mayonnaise (siehe Seite 104) oder Teriyakisauce (siehe Seite 123).

Gerollte Frühlingsbrötchen

Zubereitung 30 Minuten plus 45–50 Minuten zum Ruhen und 20–25 Minuten zum Backen
Ergibt 10–12 Brötchen

Zutaten

300 g Weizenmehl
200 g Dinkelvollkornmehl
½ Päckchen Trockenhefe
1 TL Zucker
1 TL Salz
2 EL Olivenöl
100 g Pistazien
1 Rezept Karotten-Ingwer-Dip (siehe Seite 61)
Milch zum Bestreichen

▎ Die beiden Mehlsorten mit Hefe, Zucker, Salz, Öl und 250–350 Milliliter lauwarmem Wasser zu einem glatten Teig verkneten. Mit einem feuchten Tuch bedecken und 30 Minuten an einem warmen Ort gehen lassen.

▎ Den Teig nochmals kneten, weitere 5–10 Minuten ruhen lassen, dann zu einem dünnen Rechteck ausrollen. Dieses mit dem Teigroller oder einem Messer in 10 × 15 Zentimeter große Streifen schneiden.

▎ Die Pistazien in der Küchenmaschine hacken. 1 Esslöffel davon beiseitestellen. Jeden Teigstreifen mit etwas Karotten-Ingwer-Dip bestreichen und mit Pistazien bestreuen. Die Ränder je 1 Zentimeter zur Mitte schlagen und den Teig von der kurzen Seite fest zusammenrollen.

▎ Die Rollen auf ein mit Backpapier ausgelegtes Backblech legen, die Oberfläche mit etwas Milch bestreichen und mit den restlichen Pistazien bestreuen. Die Brötchen 10 Minuten gehen lassen.

▎ Den Backofen auf 200 °C vorheizen, dann auf 180 °C zurückschalten und die Brötchen im Ofen in 20–25 Minuten goldbraun backen.

Tipp: Genießen Sie die Brötchen frisch mit Petersilien-Feta-Creme (siehe Seite 60) und Kreuzkümmel-Topping (siehe Seite 60), Fleur de Sel und nach Belieben mit etwas Olivenöl.

Kartoffelroulade mit Räucherlachs und Apfel

Zubereitung 30 Minuten plus 1 Stunde zum Kühlen und 20 Minuten zum Kochen
Ergibt 2 Rollen für 6–8 Personen

Zutaten

600 g mehlig kochende Kartoffeln
Salz
1 Bund Petersilie
5 Zweige Majoran
1 saurer Apfel
etwas frisch geriebene Muskatnuss
3 Eigelb
50 g weiche Butter, mehr zum Braten
100 g Mehl
16 Scheiben geräucherter Lachs
Fleur de Sel

▌ Die Kartoffeln schälen, waschen und in kochendem Salzwasser weich garen. Abgießen, zurück in den Topf geben und auf der noch warmen Herdplatte einige Minuten ausdampfen lassen. Die Kartoffeln mindestens 1 Stunde (am besten über Nacht) kalt stellen.

▌ Die Kräuter waschen, trocken schütteln und fein hacken. Den Apfel schälen und fein würfeln. Die Kartoffeln durch eine Kartoffelpresse drücken und mit Salz und Muskat würzen. Mit den Kräutern, den Apfelwürfeln, den Eigelben, der weichen Butter und dem Mehl zügig zu einem glatten Teig verkneten.

▌ Ein Stück Alufolie auf die Arbeitsplatte legen, darauf ein ebenso großes Stück Klarsichtfolie platzieren und die Hälfte der Lachsscheiben als Rechteck darauflegen. Die Ränder sollen etwas überlappen. Die Hälfte des Kartoffelteigs auf einem weiteren Stück Folie dünn ausrollen und auf den Lachs stürzen. Den Lachs und die Kartoffelmasse mithilfe der Folie von der langen Seite fest zusammenrollen. Die Rolle in Alufolie wickeln und an den Seiten wie ein Bonbon fest zusammendrehen. Aus dem restlichen Lachs und Kartoffelteig auf dieselbe Weise eine zweite Rolle formen.

▌ Die Kartoffelrollen in siedendem Wasser 20 Minuten pochieren und erkalten lassen. Die Rollen auspacken, in Scheiben schneiden und in etwas Butter anbraten. Mit Fleur de Sel bestreuen.

Tipp: In dicke Scheiben geschnitten und mit gerösteten Nüssen und Wildkräuteröl (siehe Seite 61) serviert ist die Kartoffelroulade ein feiner Hauptgang. Dünn aufgeschnitten ist sie, zusammen mit Feldsalat und Rote-Bete-Vinaigrette (siehe Seite 61) oder Tomatendressing (siehe Seite 33), eine köstliche winterliche Vorspeise.

Salsa & Dip

Avocadodip mit Beeren

Zubereitung 15 Minuten
Ergibt etwa 300 ml

Zutaten

150 g gemischte Beeren
1 TL Honig
1 Zweig Estragon
1 reife Avocado
Salz
frisch gemahlener Pfeffer
Saft von ½ Limette

▎Die Beeren waschen, verlesen und die Hälfte davon mit dem Honig in der Küchenmaschine pürieren. Den Estragon waschen, trocken schütteln und die Blätter fein hacken.

▎Die Avocado halbieren und entsteinen. Das Fruchtfleisch herauslösen, mit einer Gabel zerdrücken und mit Salz, Pfeffer und Limettensaft würzen. Mit dem Beerenpüree, den\Beeren und dem Estragon verrühren.

Knoblauchjoghurt

Zubereitung 10 Minuten
Ergibt etwa 300 ml

Zutaten

2 Knoblauchzehen
250 g Joghurt
Saft von ¼ Zitrone
1 Prise Zucker
Salz
1 Msp. Paprikapulver

▎Den Knoblauch schälen, fein zerdrücken und mit dem Joghurt verrühren. Mit Zitronensaft, Zucker, Salz und Paprikapulver abschmecken.

Guacamole

Zubereitung 15 Minuten
Ergibt etwa 400 ml

Zutaten

2 reife Avocados
Salz
frisch gemahlener Pfeffer
Saft von ½ Zitrone

▐ Die Avocados halbieren und entsteinen. Das Frucht-fleisch herauslösen, mit einer Gabel zerdrücken und mit Salz, Pfeffer und Zitronensaft würzen.

Tomatendressing

Zubereitung 15 Minuten
Ergibt etwa 400 ml Dressing und reicht für
10 – 12 Portionen Blattsalate

Zutaten

10 getrocknete Tomaten
2 Zweige Estragon
30 g Pinienkerne
200 ml Olivenöl
100 ml alter Balsamicoessig
frisch gemahlener Pfeffer

▐ Die Tomaten mit kochendem Wasser übergießen und 20 Minuten ziehen lassen. Durch ein Sieb abseihen, die Flüssigkeit dabei auffangen und die Tomaten fein würfeln. Den Estragon waschen, trocken schütteln und die Blätter in feine Streifen schneiden. Die Pinienkerne in einer Pfanne ohne Fett rösten und hacken.

▐ Olivenöl und Balsamicoessig mit 2 Esslöffeln Ein-weichflüssigkeit der Tomaten verrühren. Estragon, Pinienkerne und die Tomaten zugeben und mit Pfeffer abschmecken.

Börek mit Lammhack und Minze

Zubereitung 35–40 Minuten plus
20–25 Minuten zum Backen
Ergibt 24–32 Stück

Zutaten

24–32 Yufka-Teigblätter
(à 10 × 30 cm)

Für die Füllung
70 g gemischte Dörrfrüchte
100 ml Apfelsaft | 30 g Pista-
zien | 30 g gehäutete Mandeln
oder Haselnüsse | ½ Bund
Minze | 2 Schalotten
400 g Lammhackfleisch
Salz | frisch gemahlener Pfeffer
1 Msp. grobes Paprikagewürz
1 TL Kreuzkümmel | 1 TL Kori-
ander | flüssige Butter zum
Bestreichen

▌Die Dörrfrüchte hacken und mit dem Apfelsaft aufkochen. 15 Minuten bei sehr kleiner Hitze ziehen lassen, dann den restlichen Saft
abgießen. Die Pistazien und die Mandeln in einer Pfanne ohne Fett
rösten und anschließend hacken. Die Minze waschen, trocken schütteln und die Blätter in feine Streifen schneiden.

▌Die Schalotten schälen und würfeln. 2 Esslöffel Olivenöl erhitzen
und das Lammhack zusammen mit den Schalotten von allen Seiten
braun anbraten. Das Hackfleisch zwischendurch mit Salz, Pfeffer,
Paprika, Kreuzkümmel und Koriander würzen. Das Fleisch etwas
abkühlen lassen, dann mit den Früchten, den Mandeln oder Haselnüssen, den Pistazien und der Minze verrühren.

▌Den Backofen auf 180–200 °C vorheizen. Die Ränder der Teigblätter mit nur wenig Wasser bestreichen und unterhalb der Mitte jeweils
1–2 Esslöffel der Hackfleischmischung daraufsetzen. Die untere
rechte Ecke nach links über die Füllung schlagen. Die eingeschlagene Ecke über die Seite wiederum nach rechts oben klappen und
abwechselnd so fortfahren, bis eine dreieckige Teigtasche entstanden ist.

▌Die Börek nebeneinander auf ein mit Backpapier ausgelegtes Backblech legen und mit flüssiger Butter bestreichen. Im vorgeheizten
Backofen in 20–25 Minuten goldbraun backen. Auf Küchenpapier
entfetten.

Börek mit Schafskäse und Gewürzen

Zubereitung 20 Minuten plus
12–15 Minuten zum Backen
Ergibt 24–32 Stück

Zutaten

24–32 Yufka-Teigstreifen
(à 7 × 10 cm Breite)

Für die Füllung
500 g Schafskäse | 1 EL Oli-
venöl | je 1 TL gemahlener
Kreuzkümmel und Koriander
1 TL Ras el Hanout | 1 Bund
Petersilie | frisch gemahlener
bunter Pfeffer | 1 Msp. Paprika
Schale von ¼ unbehandelten
Zitrone | 100 g Butter

▌Den Schafskäse zerdrücken. Das Olivenöl in einer Pfanne erhitzen
und Kreuzkümmel, Koriander und Ras el Hanout darin 2 Minuten
unter Rühren rösten. Die gerösteten Gewürze mit dem Schafskäse,
der fein gehackten Petersilie, Pfeffer, Paprika und Zitronenschale
verrühren.

▌Die Teigstreifen auf die Arbeitsfläche legen und die Ränder mit
wenig Wasser bestreichen. Jeweils 2–3 Esslöffel der Schafskäsemi-
schung daraufgeben. Dann die Ränder von rechts und links jeweils
1 Zentimeter über die Füllung schlagen und den Teig von unten
zu etwas dickeren, festen Rollen aufrollen.

▌Den Backofen auf 180–200 °C vorheizen und ein Backblech mit
Backpapier auslegen. Die Rollen nebeneinander auf das Blech legen.
Die Butter zerlassen und die Rollen damit bestreichen. Im vorge-
heizten Backofen in 12–15 Minuten goldbraun backen.

Blumenkohl-Gewürzstrudel mit Schwarzkümmel

Zubereitung 45–55 Minuten plus
20–25 Minuten zum Backen
Ergibt 16 Mini-Strudel

Zutaten

16 Blätter Filoteig
(à 15 × 30 cm)
1 Ei | 200 g Frischkäse
1 EL Milch

Für die Füllung

1 kg Blumenkohl | 2 EL Sesamöl
1 TL gemahlene Kurkuma
1 TL Ras el Hanout | Salz
frisch gemahlener Pfeffer
1 Msp. Paprikapulver | Saft
von 1 Limette | 1 TL Honig
1 EL Rosinen | 1 EL Schwarz-
kümmel zum Bestreuen

▌ Den Blumenkohl waschen, putzen und in sehr feine Röschen zerteilen. 2 Esslöffel Sesamöl in einer Pfanne oder in einem Wok erhitzen. Den Blumenkohl zusammen mit Kurkuma und Ras el Hanout darin von allen Seiten anbraten. Mit Salz, Pfeffer, Paprika, Limettensaft und Honig würzen. Zuletzt die Rosinen und den Schwarzkümmel unterrühren. Die Hitze reduzieren, 100 Milliliter Wasser angießen und den Blumenkohl so lange schwenken, bis die Flüssigkeit verdampft ist und die Röschen weich sind.

▌ Die Filoteig-Blätter nebeneinanderlegen. Das Ei trennen, das Eiweiß mit 1 Prise Salz verquirlen. Die Ränder der Filoteig-Blätter dünn damit bestreichen. Auf der Mitte der Teigblätter jeweils 1 Teelöffel Frischkäse verstreichen und den Blumenkohl darauf verteilen. Dabei an den Seiten jeweils einen 2 Zentimeter breiten Rand lassen. Die Teigränder von links und rechts jeweils zur Mitte hin umklappen, den unteren Rand nach oben schlagen und das Ganze zu einer Rolle formen.

▌ Den Backofen auf 180–200 °C vorheizen und ein Backblech mit Backpapier auslegen. Das Eigelb mit der Milch verquirlen und die Strudel damit bestreichen. Auf das Blech legen, mit dem Schwarzkümmel bestreuen und in 20–25 Minuten goldbraun backen.

Spargelpäckchen mit Zitronenthymianbutter

Zubereitung 35–40 Minuten plus
20–25 Minuten zum Backen
Ergibt 16 Päckchen

Zutaten

16 Blätter Filoteig
(à 10 × 10 cm)
1 Ei | 50 g Butter
1 Stück Schale von
1 unbehandelten Zitrone

Für die Füllung

700 g weißer Spargel
500 g grüner Spargel
6 Zweige Zitronenthymian
2 EL Olivenöl | 1 Prise Zucker
Saft von ½ Zitrone | Salz
frisch gemahlener Pfeffer

▌ Den weißen Spargel ganz und vom grünen Spargel nur das untere Drittel schälen. Von beiden Sorten die unteren Enden abtrennen und die Stangen in feine Scheiben schneiden.

▌ Den Zitronenthymian waschen, trocken schütteln und 3 Zweige beiseitelegen. Die Blätter der restlichen Zweige hacken.

▌ Das Olivenöl erhitzen. Den Spargel darin 5 Minuten bei starker Hitze braten. Dann die Hitze reduzieren, den Spargel mit Zitronenthymian und Zucker bestreuen, einige Male umrühren und mit dem Zitronensaft beträufeln. Mit Salz und Pfeffer würzen und vom Herd nehmen.

▌ Den Backofen auf 180–200 °C vorheizen. Die Filoteig-Blätter nebeneinanderlegen. Das Ei mit 1 Prise Salz verquirlen und die Ränder der Teigblätter dünn damit bestreichen. In die Mitte jedes Blattes je 1–2 Esslöffel Füllung geben. Die Teigränder zur Mitte hin hochziehen und oben wie ein Säckchen zusammendrücken.

▌ Die Filoteigpäckchen auf ein mit Backpapier ausgelegtes Backblech setzen. Die Butter mit den Blättern der restlichen Thymianzweige und Zitronenschale zerlassen und 2 Minuten sprudelnd kochen. Die Päckchen mit der Zitronenthymianbutter bestreichen und im Backofen in 20–25 Minuten goldbraun backen.

Rote-Bete-Apfel-Strudel mit Walnüssen

**Zubereitung 40 Minuten plus
30 Minuten zum Ruhen und
40 – 50 Minuten zum Backen
Ergibt 1 Strudel**

Zutaten

Für den Strudelteig
300 g Mehl plus 2 EL
50 ml Öl plus 1 EL | 6 g Salz
etwas flüssige Butter
1 EL Paniermehl

Für die Füllung
600 g Rote Bete | 300 g saure
Äpfel | 2 Zweige Estragon
Saft von ½ Orange | 1 TL Honig
100 g Frischkäse | Salz
frisch gemahlener Pfeffer
100 g Walnusskerne

▌ **Teig:** 300 Gramm Mehl, 50 Milliliter Öl, Salz und 150 Milliliter lauwarmes Wasser gut verkneten. Zu einer Kugel formen, mit 1 Esslöffel Öl bestreichen und in Folie gewickelt 30 Minuten bei Raumtemperatur ruhen lassen.

▌ **Füllung:** Den Backofen auf 200 °C vorheizen. Die Roten Beten in Salzwasser weich kochen. Rote Beten und Äpfel schälen, blättrig schneiden. Gehackte Estragonblätter, Orangensaft, Honig und Frischkäse untermischen. Salzen und pfeffern. Die Walnüsse auf einem Backblech rösten, dann hacken und unter die Füllung mischen.

▌ Den Strudelteig auf bemehlter Arbeitsfläche rechteckig ausrollen. Über die Handrücken auseinanderziehen, auf ein bemehltes Tuch legen, die dicken Kanten abtrennen. Den Teig mit Butter bestreichen. Das untere Drittel mit Paniermehl bestreuen, die Füllung darauf verteilen (an den Rändern je 7 – 10 Zentimeter frei lassen).

▌ Den rechten und linken Rand nach innen schlagen, den Strudel mithilfe des Tuchs von der langen Seite möglichst fest aufrollen und mit der Naht nach unten auf ein mit Backpapier ausgelegtes Backblech legen. Mit Butter bestreichen und bei 200 °C 40 – 50 Minuten backen, dabei noch zweimal mit Butter bestreichen.

Strudel mit Rinderbäckchen und Gewürzen

**Zubereitung 40 Minuten plus
2 – 3 Stunden zum Schmoren und
30 – 40 Minuten zum Backen
Ergibt 1 Strudel**

Zutaten

1 Rezept Strudelteig
(siehe oben)

Für die Rinderbäckchen
800 g Rinderbäckchen | Salz
frisch gemahlener Pfeffer
je 1 TL Garam Masala, gemahlener Koriander und Kreuzkümmel | 2 EL Olivenöl | 4 Zwiebeln
2 Knoblauchzehen | 300 ml
Rotwein | 1 TL Honig | 1 Lorbeerblatt | 1 Zweig Thymian
30 g kalte Butter

▌ **Rinderbäckchen:** Den Backofen auf 150 – 160 °C vorheizen. Die Bäckchen mit Salz, Pfeffer und den übrigen Gewürzen einreiben und in einem Bräter rundum im heißen Öl anbraten. Zwiebeln und Knoblauch schälen, grob würfeln und 5 Minuten mitbraten. Rotwein, Honig und so viel Wasser dazugeben, dass die Bäckchen gerade bedeckt sind. Lorbeer und Thymianblätter zufügen und das Fleisch zugedeckt im Backofen in 2 – 3 Stunden sehr weich schmoren. Bei Bedarf etwas Flüssigkeit nachgießen. Die Rinderbäckchen aus der Sauce nehmen, etwas abkühlen lassen und fein würfeln. Die Sauce um zwei Drittel einkochen und abseihen.

▌ Den Strudelteig zubereiten und ausrollen (siehe oben). Den Backofen auf 200 °C vorheizen. Die Rinderbäckchen auf dem unteren Teigdrittel verteilen, an den Rändern je 7 – 10 Zentimeter frei lassen. Den rechten und linken Rand nach innen schlagen, den Strudel mithilfe des Tuchs fest aufrollen und mit der Naht nach unten auf ein mit Backpapier ausgelegtes Backblech legen. Mit flüssiger Butter bestreichen und 30 – 40 Minuten backen, dabei noch zweimal mit Butter bestreichen.

▌ Den Fleischfond aufkochen, abschmecken und die kalte Butter untermixen. Den Strudel warm mit der Sauce servieren.

Nudelröllchen mit Spinat, Oliven und Parmesan

Zubereitung 1 Stunde plus 25–30 Minuten zum Backen
Für 4 Personen

Zutaten

Für den Teig
50 g Weizenmehl | 50 g Hartweizengrieß
1 Ei | 1 Prise Salz

Für die Tapenade
50 g Pinienkerne | 70 g schwarze, getrocknete Oliven ohne Stein | 70 g getrocknete, in Öl eingelegte Tomaten

Für die Füllung
700 g Blattspinat (TK)
1 mittelgroße Zwiebel
4 Knoblauchzehen
50 g Butter | Salz
frisch gemahlener Pfeffer
etwas frisch geriebene Muskatnuss
250 g Ricotta | 1 Ei
100 g Parmesan, gerieben
200 ml Sahne | 200 ml Milch
30 g Butterflocken
Olivenöl zum Fetten der Form

▌**Teig:** Mehl und Grieß mischen und mit Ei und Salz verkneten. Den Teig in Klarsichtfolie wickeln und 20–30 Minuten ruhen lassen.

▌**Tapenade:** Die Pinienkerne in einer Pfanne ohne Fett rösten. Mit den Oliven, den abgetropften Tomaten und 2 Esslöffeln des Tomaten-Öls in einer Küchenmaschine grob pürieren.

▌**Füllung:** Den aufgetauten Spinat sehr gut ausdrücken. Zwiebel und Knoblauch schälen und fein würfeln. Die Butter zerlassen und die Zwiebeln und die Hälfte des Knoblauchs darin anschwitzen. Den Spinat unterrühren und kurz mitbraten, dann mit Salz, Pfeffer und Muskat würzen. Ricotta, Ei und die Hälfte des Parmesans unter die etwas abgekühlte Spinatmasse rühren.

▌Den Nudelteig zu 2 sehr dünnen Rechtecken ausrollen und zuerst dünn mit der Tapenade, dann mit der Spinatmasse bestreichen. Dabei an der oberen Seite jeweils einen 1 Zentimeter breiten Rand lassen. Den Nudelteig jeweils von der langen Seite her fest aufrollen und in Klarsichtfolie einschlagen. Die Rollen zusätzlich in Alufolie wickeln und die Enden beider Folien an den Seiten wie bei einem Bonbon zusammendrehen. 2 Liter Wasser in einem ovalen Bräter zum Kochen bringen und die beiden Rollen darin 20 Minuten köcheln lassen.

▌Den Backofen auf 180 °C vorheizen. Die Rollen auspacken, etwas abkühlen lassen und in 2–4 Zentimeter dicke Scheiben schneiden. Diese mit den Schnittkanten nach oben dicht nebeneinander in eine mit Olivenöl gefettete Auflaufform setzen. Die Sahne mit der Milch mischen, mit Salz, Pfeffer, Muskat sowie dem restlichen Knoblauch würzen und darüber gießen. Den restlichen Parmesan und die Butterflocken darauf verteilen. Die Röllchen in 25–30 Minuten knusprig überbacken.

Oliven- und Tomatencracker

**Zubereitung 15 Minuten plus
1 Stunde zum Kühlen und
10 – 15 Minuten zum Backen**

Zutaten

150 g Blätterteig (TK-Ware)

Für die Pasten
je 1 Zweig Thymian und
Rosmarin
1 Knoblauchzehe, geschält
100 g schwarze, getrocknete Oliven
ohne Stein
100 g Tomaten in Öl
Olivenöl zum Pürieren

▌ Thymian und Rosmarin waschen, trocken schütteln und die Blätter fein hacken (die Kräuter aber nicht mischen). Den Knoblauch ebenfalls fein hacken. Die Oliven mit dem Thymian, der Hälfte des Knoblauchs und 1 – 2 Teelöffeln Olivenöl zu einer Paste pürieren. Die Tomaten mit dem Rosmarin und dem restlichen Knoblauch ebenso verarbeiten.

▌ Den Blätterteig zu 2 dünnen Rechtecken ausrollen. Das eine Teigstück mit Olivenpaste, das andere mit Tomatenpaste bestreichen und von der langen Seite her aufrollen. Die Rollen 1 Stunde kalt stellen.

▌ Den Backofen auf 200 °C vorheizen. Die Teigrollen in dünne Scheiben schneiden und auf ein mit Backpapier belegtes Backblech legen. In 10 – 15 Minuten kross und goldbraun backen.

Tipp: Die Cracker sind ein köstliches Partygebäck, das mit Rauke-Pinienkern-Pesto (siehe Seite 105) noch würziger schmeckt.

Cannelloni mit Schwarzwurzeln

**Zubereitung 40 Minuten plus
30 – 40 Minuten zum Backen
Für 4 Personen, ergibt
12 – 14 Cannelloni-Röhrchen**

Zutaten

Für die Füllung
800 g frische Schwarzwurzeln
(ersatzweise 600 g TK-Ware)
2 EL Butter, mehr zum Fetten der
Form
Salz | frisch gemahlener Pfeffer
etwas frisch geriebene Muskatnuss
1 Prise Zucker | 100 ml Weißwein
Saft von ½ Limette | 200 g Ricotta
140 g Bergkäse, gerieben
100 ml Sahne | 200 ml Gemüsebrühe
50 g Pinienkerne | 2 EL Semmelbrösel

▌ Die Schwarzwurzeln waschen, schälen und in dünne Scheiben schneiden. Die Butter zerlassen und die Schwarzwurzeln darin 5 Minuten anbraten. Mit Salz, Pfeffer und Muskat würzen. Mit Zucker bestreuen und 2 Minuten weiterbraten, dann mit Weißwein, 100 Milliliter Wasser und Limettensaft ablöschen. Die Wurzeln zugedeckt 10 Minuten schmoren. Bei Bedarf etwas Wasser nachgießen.

▌ Eine Auflaufform mit Butter fetten. Die Schwarzwurzeln durch ein Sieb abseihen und die Flüssigkeit auffangen. Die Wurzeln mit Ricotta und der Hälfte des Bergkäses verrühren und mit Salz und Pfeffer abschmecken. Die Cannelloni damit füllen und nebeneinander in die Auflaufform legen.

▌ Den Backofen auf 180 °C vorheizen. Den Kochsud der Schwarzwurzeln mit der Sahne und der Gemüsebrühe vermischen, mit Salz und Pfeffer abschmecken und über die Cannelloni gießen. Die Pinienkerne, die Semmelbrösel und zuletzt den restlichen Bergkäse über den Auflauf streuen. Die Cannelloni 30 – 40 Minuten überbacken.

In Fisch und Fleisch gerollt

Wer dabei nur an Omas Rinderrouladen denkt, wird sich wundern. Knackige Gemüse stecken im würzigen Speckmantel, Heilbutröllchen werden zum Partyfood am Spieß und die Involtini aus Kalbfleisch sind so zart, dass sie auf der Zunge zergehen. Sogar gegen einen Kater gibt es das passende Frühstücksrezept: Curry-Rollmops.

Rosenkohl im Speck

Zubereitung 15 Minuten
Für 4 Personen

Zutaten

500 g Rosenkohl
100 – 150 g durchwachsener
Speck, dünn geschnitten
Öl zum Braten

▌ Die Röschen putzen, den Strunk kreuzweise einritzen. Den Rosen-kohl in kochendem Salzwasser bissfest garen. Die Röschen durch ein Sieb abseihen und kurz mit kaltem Wasser abschrecken.

▌ Jeden Rosenkohl mit ½ Scheibe Speck umwickeln und in einer Pfanne im heißen Öl von allen Seiten kross braten.

Tipp: Servieren Sie die Kohlköpfchen als Fingerfood mit geröstetem Baguette, Salsa verde (siehe Seite 104) oder Petersilien-Feta-Creme (siehe Seite 60).

Glasierte Gemüse im Speck

Zubereitung 15 Minuten
Ergibt 30 kleine Gemüse

Zutaten

10 kleine Rote Beten
10 kleine Karotten mit Grün
10 Frühlingszwiebeln
Salz
1 EL Olivenöl, mehr zum
Braten
Zucker
50 ml Weißwein
30 Scheiben Speck

▌ Die Roten Beten in kochendem Salzwasser weich garen und schälen.

▌ Die Karotten schälen, dabei ein Stück vom Grün am Gemüse lassen. Die Frühlingszwiebeln putzen.

▌ Das Olivenöl in einer Pfanne erhitzen und die Karotten und die Roten Beten darin kurz schwenken, anschließend mit etwas Zucker bestreuen, 1 Minute weiterschwenken und mit dem Wein ablösen. So lange auf dem Herd lassen, bis die Flüssigkeit verkocht ist.

▌ Das Gemüse mit je 1 Scheibe Speck umwickeln und in einer Pfanne im heißen Öl von allen Seiten kross braten.

Tipp: Dazu passen Rucolasalat und Salsa verde (siehe Seite 104) oder Petersilien-Feta-Creme (siehe Seite 60).

Bresaolaröllchen mit Rucola

Zubereitung 15 Minuten
Ergibt 8 Röllchen (siehe Bild)

Zutaten

8 Scheiben Bresaola

Für die Füllung
2–3 Bund Rucola
50 g Parmesan, gehobelt

Für das Dressing
100 ml Orangensaft, frisch
gepresst | 50 ml Olivenöl
1 TL flüssiger Honig
Fleur de Sel | frisch gemahlener bunter Pfeffer

▌ Den Rucola waschen und trocken schütteln. Je 1 Bresaolascheibe mit Rucola und Parmesan einrollen, sodass am oberen Rand noch einige Rucolablätter zu sehen sind, und mit Spießen fixieren.

▌ **Dressing:** Orangensaft, Olivenöl und Honig verrühren und mit Fleur de Sel und Pfeffer abschmecken.

▌ Das Dressing auf Gläser verteilen und die Bresaolaröllchen mithilfe des Spießes einhängen. Sofort servieren.

Rehfilet im Tiroler Speck

Zubereitung 40 Minuten
Für 4 Personen

Zutaten

16 Scheiben Tiroler Speck

Für die Filets
8 Rehfilets | Salz
frisch gemahlener Pfeffer
2 EL Olivenöl

Für die Pilzfüllung
50–70 g gemischte Waldpilze
1 Schalotte | 1 Knoblauchzehe
1 Zweig Thymian | 1 Bund
Schnittlauch | 1 EL Olivenöl
1 Msp. gemahlener Koriander
Saft von ¼ Zitrone | 1 Prise
Zucker | 1 EL Crème fraîche
1 Eigelb | 1 TL Semmelbrösel

▌ **Pilzfüllung:** Die Pilze waschen und fein würfeln. Schalotte und Knoblauch schälen und fein würfeln. Die Kräuter waschen und trocken schütteln. Die Thymianblätter abzupfen und den Schnittlauch in feine Ringe schneiden.

▌ Das Olivenöl erhitzen und die Pilze darin bei starker Hitze anbraten. Die Hitze nach 5 Minuten etwas reduzieren, Schalotte und Knoblauch dazugeben und 5–7 Minuten mitbraten. Zum Ende der Bratzeit mit Salz, Pfeffer, Koriander, Zitronensaft und Zucker abschmecken. Die Pilze vom Herd nehmen und Crème fraîche, Eigelb, Semmelbrösel, Thymian und Schnittlauch unterrühren.

▌ **Filets:** Die Rehfilets mit Salz und Pfeffer würzen und in 1 Esslöffel Olivenöl kurz von allen Seiten anbraten.

▌ Jeweils 4 Speckscheiben nebeneinander auf ein Stück Klarsichtfolie legen. Die Kanten sollen etwas überlappen. Die Pilze auf den Speckscheiben verteilen und dabei oben und unten einen 1,5 Zentimeter breiten Rand lassen. Je 2 Rehfilets darauflegen, fest zusammenrollen und mit Bratengarn fixieren. Auf diese Weise 3 weitere Specktaschen zubereiten.

▌ Den Backofen auf 150 °C vorheizen. Das restliche Olivenöl in einer Pfanne erhitzen und die Taschen zuerst auf der Nahtseite, dann von allen Seiten anbraten. Auf ein mit Backpapier ausgelegtes Backblech legen und im vorgeheizten Backofen 5 Minuten nachziehen lassen.

Parmaschinken mit Mozzarella und Aprikosenchutney

Zubereitung 30 Minuten plus 1–2 Stunden zum Marinieren
Ergibt 20 Schinkentäschchen

Zutaten

10 große Scheiben Parmaschinken

Für das Pesto
30 g Pinienkerne
30 g Basilikum
50 ml Olivenöl, mehr für das Chutney und
zum Braten
Salz
frisch gemahlener Pfeffer
10 kleine Kugeln Büffelmozzarella

Für das Chutney
1 Ochsenherztomate
6 getrocknete Soft-Aprikosen
1 Schalotte
1 TL Zucker
1–2 TL Pfirsichessig (ersatzweise heller
Balsamicoessig)
1 Msp. Piment d'Espelette
1 TL Fleur de Sel

Pesto: Die Pinienkerne in einer Pfanne ohne Fett rösten. Das Basilikum waschen und trocken schütteln. Einige Basilikumblätter und 2 Teelöffel Pinienkerne beiseitelegen, die restlichen Basilikumblätter mit den Pinienkernen und dem Olivenöl in der Küchenmaschine pürieren. Mit Salz und Pfeffer würzen. Die Mozzarellakugeln abtropfen lassen, mit Küchenpapier trocken tupfen und halbieren. Mit dem Pesto vermischen und 1–2 Stunden marinieren.

Chutney: Die Tomate vierteln und entkernen, das Fruchtfleisch würfeln. Die Aprikosen würfeln, die Schalotte schälen und fein würfeln. 1 Esslöffel Olivenöl erhitzen und die Schalottenwürfel darin 2 Minuten anbraten. Mit dem Zucker bestreuen, unter Rühren 1 Minute karamellisieren und mit dem Essig ablöschen. Die Tomaten- und die Aprikosenwürfel hinzugeben und so lange weiterbraten, bis die Flüssigkeit verdampft ist. Das Chutney vom Herd nehmen und mit Fleur de Sel und Piment d'Espelette abschmecken.

Die Schinkenscheiben halbieren. Auf jede Hälfte etwas Chutney und ½ Mozzarellakugel mit etwas Pesto geben und den Schinken zu Päckchen formen.

Für das Topping die restlichen Pinienkerne mit dem in feine Streifen geschnittenen Basilikum, Piment d'Espelette und Fleur de Sel vermischen.

Etwas Olivenöl in einer Pfanne erhitzen und die Schinkenpäckchen von allen Seiten anbraten. Die Päckchen mit Spießen auf einem Teller arrangieren und mit dem Topping und etwas Aprikosenchutney servieren.

Kross umwickelte Tabouleh-Tomaten

Zubereitung 30 Minuten
Ergibt 6–8 Tomaten

Zutaten

6–8 Scheiben durchwachsener Schinken
6–8 reife Tomaten

Für das Tabouleh
100 g Couscous
Salz
Zucker
1 Msp. Paprikapulver
1 Msp. gemahlener Koriander
Saft von ½ Zitrone
2 EL Olivenöl, mehr zum Braten
½ rote Paprikaschote
¼ Salatgurke
einige Zweige Minze
einige Zweige glatte Petersilie

▌**Tabouleh:** Couscous mit je 1 Prise Salz und Zucker, Paprikapulver, Koriander, etwas Zitronensaft und Olivenöl vermengen. 60 Milliliter kochendes Wasser darübergießen und 15 Minuten ziehen lassen. Inzwischen die Paprikaschote und die Salatgurke fein würfeln. Die Kräuter waschen, trocken schütteln und die Blätter fein schneiden.

▌Couscous aufrühren, nochmals mit 50 Milliliter kochendem Wasser übergießen und weitere 10 Minuten ziehen lassen. Mit den Gemüsewürfeln und den Kräutern verrühren und das Tabouleh mit Salz, Zucker und Zitronensaft abschmecken.

▌Je 1 Schinkenscheibe um eine Tomate wickeln. Die Tomaten zuerst auf der Nahtstelle, dann rundherum in Olivenöl kross braten. Von den Tomaten einen Deckel abschneiden, das Fruchtfleisch mit einem kleinen Löffel oder einem Parisienne-Ausstecher entfernen und das Tabouleh einfüllen. Den Deckel wieder aufsetzen und sofort servieren.

Tipp: Ein grünes Dressing aus gerösteten Walnüssen, gemischten Kräutern, Walnussöl, Zitronensaft und etwas Honig veredelt die Tomaten. Salsa verde (siehe Seite 104) und Wildkräuteröl (siehe Seite 60) schmecken ebenfalls dazu.

Rehrolle mit Früchten

Zubereitung 40 Minuten plus 4–5 Stunden zum Schmoren
Für 4 Personen

Zutaten

Für das Fleisch
800–1000 g Nackenbraten vom Reh
Salz
frisch gemahlener Pfeffer
4 große Zwiebeln
1 Knolle Knoblauch
Olivenöl zum Braten
400 ml Rotwein
abgeriebene Schale von
½ unbehandelten Orange
2 EL kalte Butter

Für die Füllung
300 g getrocknete Aprikosen
200 g getrocknete Feigen
1 Orange
100 ml Orangensaft, frisch gepresst
einige Zweige Estragon und Thymian
30 g Pistazien

▋**Füllung:** Die getrockneten Früchte würfeln und die Orange filetieren. Alle Früchte mit dem Orangensaft vermischen. Die Kräuter waschen, trocken schütteln, die Blätter fein hacken und mit den Früchten vermischen. Die Pistazien fein hacken.

▋**Fleisch:** Den Backofen auf 150 °C vorheizen. Das Fleisch zu einem flachen Stück schneiden und von allen Seiten mit Salz und Pfeffer würzen. Früchte und Pistazien darauf verteilen und glatt streichen. Das Fleisch von der langen Seite aufrollen und mit Bratengarn fixieren.

▋Die Zwiebeln und den Knoblauch schälen und halbieren. Das Fleisch von allen Seiten in einem Topf, der Backofenhitze verträgt, im heißen Öl anbraten. Zwiebeln und Knoblauch zufügen, kurz mitbraten, dann mit Rotwein ablöschen. So viel Wasser angießen, dass der Braten zu zwei Dritteln mit Flüssigkeit bedeckt ist. Die Orangenschale dazugeben, die Flüssigkeit aufkochen lassen.

▋Den Topf mit einem Deckel bedecken. Das Fleisch 4–5 Stunden im vorgeheizten Backofen schmoren, dabei ab und zu wenden. Es ist gar, wenn es so weich ist, dass sich die Fleischgabel leicht herausziehen lässt.

▋Das Fleisch aus dem Bratensud nehmen, mit Alufolie bedecken und im ausgeschalteten Backofen ruhen lassen. Die Sauce durch ein feines Sieb abseihen, dabei die Einlage im Sieb gut ausdrücken, und um die Hälfte einkochen. Mit Salz und Pfeffer abschmecken und zum Schluss die kalte Butter einrühren. Das Fleisch in Scheiben schneiden und in der heißen Sauce servieren.

Putenbruströllchen in knuspriger Kräuterhülle

Zubereitung 50 Minuten
Ergibt 8 Rollen

Zutaten

8 längliche Scheiben
Putenbrust (à 150 g),
dünn geschnitten

Für die Füllung
2–3 Feigen | 50 g Pistazien
Salz | frisch gemahlener Pfeffer
4 EL Quittengelee | 2 Eier
Mehl zum Wälzen | Pflanzenöl
zum Ausbacken

Für die Kräuterpanade
1 Bund Schnittlauch | 1 Bund
Rauke | 1 Bund glatte Petersilie
250 g Panko-Paniermehl

▌ **Füllung:** Die Feigen waschen, den Stiel entfernen und das Fruchtfleisch fein würfeln. Die Pistazien in einer Pfanne ohne Fett rösten, leicht salzen und hacken. Die Putenbrustscheiben zwischen zwei Lagen Pergament- oder Backpapier vorsichtig plattieren und mit Salz und Pfeffer von beiden Seiten würzen. Mit je etwas Quittengelee bestreichen, die Feigenwürfel und die Pistazien darauf verteilen. Jede Scheibe zu einer Rolle einrollen und mit einem Zahnstocher fixieren.

▌ **Kräuterpanade:** Die Kräuter waschen und trocken schütteln. Schnittlauch, Rauke und Petersilienblätter in der Küchenmaschine sehr fein hacken und mit dem Panko-Paniermehl mischen.

▌ Die Eier mit 1 Prise Salz verquirlen. Die Putenrollen zuerst in Mehl wälzen, dann in den Eiern wenden und anschließend mit dem Kräuter-Panko-Paniermehl panieren.

▌ So viel Öl in einem Topf erhitzen, dass die Röllchen mindestens zur Hälfte bedeckt sind. Die Putenröllchen von beiden Seiten goldbraun frittieren.

Tipp: Stecken Sie die Röllchen zum Servieren auf Spieße und servieren Sie sie sofort mit Rauke-Pinienkern-Pesto (siehe Seite 105) oder Koriander-Mayonnaise (siehe Seite 104).

Involtini vom Kalb mit Birne und Roquefort

Zubereitung 40 Minuten
Für 4 Personen

Zutaten

Für die Involtini
4 dünne Kalbsschnitzel
(à 150 g) | Salz
frisch gemahlener Pfeffer
1 EL Olivenöl
1 EL Butter
1 Zweig Salbei
¼ Zitrone

Für die Füllung
100 g Roquefort
2 Birnen
50 g Walnüsse

▌ **Füllung:** Den Roquefort würfeln. Die Birnen schälen, das Kerngehäuse entfernen und das Fruchtfleisch würfeln. Die Walnüsse hacken und in einer Pfanne ohne Fett rösten.

▌ **Involtini:** Die Kalbsschnitzel zwischen zwei Lagen Pergamentpapier legen und vorsichtig plattieren. Von beiden Seiten mit Salz und Pfeffer würzen, den Roquefort, die Birnenwürfel und die Walnüsse darauf verteilen und dabei etwas andrücken. Die Schnitzel von der schmalen Seite her fest aufrollen und mit einem Zahnstocher fixieren oder mit Bratengarn umwickeln.

▌ Das Olivenöl in einer beschichteten Pfanne erhitzen und die Involtini darin von allen Seiten anbraten. Die Hitze reduzieren, die Butter, den Salbeizweig und das ausgedrückte Zitronenviertel samt Saft dazugeben. Die Pfanne mit einem Deckel bedecken und die Involtini in 5–7 Minuten fertig garen. Sofort servieren.

Tipp: Im Winter schmeckt die Füllung mit etwas abgeriebener Orangenschale köstlich. Das Kalbfleisch lässt sich gut durch Putenfleisch ersetzen.

Schweinefilet mit sommerlicher Gemüsefüllung

**Zubereitung 50 Minuten plus
20–30 Minuten zum Garen
Für 4–6 Personen**

Zutaten

2 mittelgroße Schweinefilets
ohne Endstücke (à 350–400 g)
4 EL Senf

Für die Füllung

1 Schalotte | 1 Knoblauchzehe
2 Zucchini | 3 Tomaten | je
1 Bund Basilikum, glatte Peter-
silie und Schnittlauch | je
3 Zweige Rosmarin und Thy-
mian | 1 EL Olivenöl | Salz
frisch gemahlener Pfeffer
Zucker | 300 g Büffelmozzarella

▌ **Füllung:** Schalotte und Knoblauch schälen und fein würfeln. Die Zucchini und die Tomaten waschen, die Tomaten vierteln und die Samen entfernen. Beide Gemüse ebenfalls fein würfeln. Die Kräuter waschen und trocken schütteln. Die Kräuterblätter fein hacken, den Schnittlauch in Röllchen schneiden.

▌ Das Olivenöl in einer Pfanne erhitzen und das Gemüse darin 5 Minuten anbraten. Ein Drittel der Kräuter hinzugeben und mit Salz, Pfeffer und Zucker würzen. Abkühlen lassen. Den Büffel-mozzarella würfeln und unter die Gemüsemasse ziehen.

▌ Die Schweinefilets der Länge nach mit einem Messer durchstechen und die Löcher mit dem Stiel eines Kochlöffels vergrößern. Das Gemüse in einen Spritzbeutel ohne Tülle füllen und in die Filets drücken.

▌ Den Backofen auf 160 °C vorheizen. Das Fleisch von allen Seiten salzen, pfeffern und rundum anbraten. Die Filets mit Senf bestrei-chen, in den restlichen gehackten Kräutern wenden und im vorge-heizten Backofen 20–30 Minuten garen. Die Filets herausnehmen, einige Minuten ruhen lassen und in Scheiben servieren.

Rinderrouladen in Starkbiersauce

**Zubereitung 40 Minuten plus
2–3 Stunden zum Schmoren
Ergibt 4 Rouladen**

Zutaten

Für die Rouladen

4 Rinderrouladen | Salz
frisch gemahlener Pfeffer
12 Scheiben durchwachsener
Speck | 4 Zwiebeln
3–4 Gewürzgurken | 2–3 EL
Röstzwiebeln | 2 EL Olivenöl

Für die Sauce

3 Karotten | ¼ Knolle Sellerie
2 Zweige Thymian | 4 TL süßer
Senf | 4 TL scharfer Senf
½ l Starkbier | 2 Lorbeerblätter
1 EL Piment | 2 EL kalte Butter

▌ **Rouladen:** Die Rinderrouladen zwischen zwei Lagen Pergament-papier legen und vorsichtig plattieren. Von beiden Seiten mit Salz und Pfeffer würzen und nebeneinander auf die Arbeitsfläche legen.

▌ Jede Roulade mit 3 Speckstreifen belegen. 1 Zwiebel schälen und fein würfeln. Die Gewürzgurken in bleistiftgroße Stifte schneiden. Zwiebeln, Gewürzgurken und Röstzwiebeln auf die Rouladen legen, diese von der schmalen Seite aufrollen und mit Zahnstochern fixieren.

▌ **Sauce:** Den Backofen auf 150 °C vorheizen. Die restlichen Zwiebeln, Karotten und Sellerie schälen und grob würfeln. Das Öl in einem Bräter erhitzen und die Rouladen darin von allen Seiten anbraten. Herausnehmen und die Gemüsewürfel mit dem Thymian darin anbraten. Mit Salz, Pfeffer und dem Senf würzen. Mit dem Bier und 500 Milliliter Wasser ablöschen und Lorbeerblätter und Piment zugeben. Die Flüssigkeit aufkochen, die Rouladen hineinlegen und zugedeckt im vorgeheizten Backofen 2–3 Stunden schmoren.

▌ Die Rouladen herausheben und warm stellen. Die Schmorflüssig-keit durch ein Sieb abseihen, nochmals aufkochen und um die Hälfte reduzieren. Abschmecken, mit der kalten Butter aufmixen und vom Herd nehmen. Die Rouladen in der Sauce servieren.

Salsa & Dip

Kreuzkümmel-Topping

Zubereitung 5 Minuten
Für 1 Rezept à 4 Portionen

Zutaten

1 TL Kreuzkümmel
1 TL Rapsöl
1 TL Zitronensaft, frisch gepresst
1 Msp. abgeriebene Schale von
1 unbehandelten Zitrone
je 1 Prise brauner Zucker und Salz
1 EL Traubenkernöl

▌ Den Kreuzkümmel im Mörser zerstoßen, dann im heißen Rapsöl rösten. Auf Küchenpapier entfetten. Mit Zitronensaft, Zitronenschale, Zucker, Salz und Traubenkernöl verrühren.

Petersilien-Feta-Creme

Zubereitung 25 Minuten
Ergibt etwa 300 ml

Zutaten

150 g Petersilienwurzeln
1 EL Sesamöl | 1 TL Ahornsirup
Salz | frisch gemahlener Pfeffer
Saft und abgeriebene Schale von
½ unbehandelten Zitrone
150 g Feta | 4 Zweige Petersilie

▌ Die Petersilienwurzeln schälen, in feine Scheiben schneiden und im heißen Sesamöl 2 Minuten anbraten. Mit Ahornsirup beträufeln, salzen und pfeffern. 1 Minute weiterbraten, dann Zitronensaft, Zitronenschale und 75 Milliliter Wasser zufügen. Zugedeckt 5–7 Minuten schmoren. Bei Bedarf etwas Wasser nachgießen.
▌ Die Masse in einer Küchenmaschine fein pürieren. Den zerdrückten Feta unterrühren. Die Petersilie waschen, trocken schütteln und die Blätter in feine Streifen schneiden. 1 Esslöffel beiseitelegen, die restliche Petersilie unter den Dip rühren. Mit der Petersilie und nach Belieben mit etwas Kreuzkümmel-Topping (siehe links) garnieren.

Karotten-Ingwer-Dip

Zubereitung 25 Minuten
Ergibt etwa 350 ml

Zutaten

250 g Karotten | 10 g frischer Ingwer | 1 Apfel
2 EL Olivenöl | 1 TL Honig | Saft von 1 Orange
100 ml Apfelsaft | Salz | frisch gemahlener
Pfeffer | 2 EL Walnusskerne | 1 Zweig Estragon
1 Msp. abgeriebene Schale von 1 unbehandelten Orange

■ Die Karotten schälen und in sehr feine Scheiben schneiden. Den Ingwer schälen und fein reiben. Den Apfel schälen, vierteln, das Kerngehäuse entfernen und das Fruchtfleisch in Spalten schneiden.

■ Die Karotten in 1 Esslöffel Olivenöl 2 Minuten unter Rühren anbraten. Mit dem Honig beträufeln und bei reduzierter Hitze 1 Minute weiterbraten. Den Orangen- und Apfelsaft, Apfelspalten und Ingwer zufügen und zugedeckt 15 Minuten schmoren. Bei Bedarf etwas Wasser nachgießen. Die Masse mit dem restlichen Olivenöl in der Küchenmaschine fein pürieren und mit Salz und Pfeffer abschmecken.

■ Die Walnüsse hacken und in einer Pfanne ohne Fett rösten. Mit Estragon und Orangenschale vermischen und den Dip damit garnieren.

Wildkräuteröl

Zubereitung 10 Minuten
Ergibt etwa 500 ml

Zutaten

150 g Wildkräuter nach Belieben (z.B. Knoblauchsrauke, Pimpinelle, Schlüsselblume, Klee, Taubnessel, wenig Löwenzahn), ersatzweise gemischte Küchenkräuter | 500 ml Olivenöl

■ Die Wildkräuter waschen, trocken schütteln und die Blätter in einer Küchenmaschine mit 150 Milliliter Öl fein pürieren. Mit dem restlichen Öl aufgießen und in einer sauberen, gut verschlossenen Glasflasche einige Tage ziehen lassen. Durch ein Sieb abseihen, erneut in eine saubere, verschließbare Glasflasche abfüllen. Nach Belieben mit frisch gehackten Kräutern garnieren.

Rote-Bete-Vinaigrette

Zubereitung 20 Minuten
Ergibt etwa 400 ml und reicht für 10–12 Portionen Blattsalate

Zutaten

1 Rote Bete | 1 EL Haselnüsse | 100 ml Haselnussöl | 100 ml Traubenkernöl | 100 ml milder Obst- oder Honigessig | 1 TL Hoisinsauce
1 TL Sojasauce | 1 Msp. Dijonsenf | 75 ml
Rote-Bete-Saft | frisch gemahlener Pfeffer

■ Die Rote Bete in Salzwasser weich garen, schälen und fein würfeln. Die Haselnüsse in einer Pfanne ohne Fett rösten und fein hacken. Die übrigen Zutaten vermischen. Die Rote Bete und die Nüsse unterrühren.

Heringsröllchen mit Fenchelsaat und Roter Bete

**Zubereitung 30 Minuten plus
4 Stunden zum Marinieren
Ergibt 8 Röllchen**

Zutaten

4 Doppelfilets Matjesheringe
4 TL Senf

Für die Füllung
2 kleine Rote Beten
1 großer Apfel | 2 rote Zwiebeln

Für die Marinade
500 ml Weißwein
400 ml heller Balsamicoessig
3 EL Fenchelsaat
1 TL schwarze Pfefferkörner
1 EL Senfkörner | ½ TL Piment

▌ **Füllung:** Die Roten Beten in kochendem Salzwasser weich garen, schälen und in bleistiftdicke Stifte schneiden. Den Apfel schälen, das Kerngehäuse entfernen und das Fruchtfleisch in ebensolche Stifte schneiden. Die Zwiebeln schälen. Eine Zwiebel beiseitelegen, die andere in feine Ringe schneiden.

▌ Die Heringsfilets längs halbieren. Die Innenseite der Heringsfilets mit Senf bestreichen und die Roten Beten, den Apfel und die Zwiebelringe darauf verteilen. Die Filets einrollen, mit Zahnstochern fixieren und in eine flache Auflaufform oder ein Gefäß schichten.

▌ **Marinade:** Die zweite Zwiebel vierteln und mit Wein, Balsamicoessig, 100 Milliliter Wasser und den Gewürzen aufkochen. 5 Minuten köcheln lassen, den Sud etwas abkühlen lassen und über die Matjesheringe gießen. Diese mit Folie bedeckt 4 Stunden im Kühlschrank marinieren.

Tipp: Zu den leicht nach Anis schmeckenden Röllchen passen Knäckebrot und Petersilien-Feta-Creme (siehe Seite 60).

Curry-Rollmops

**Zubereitung 30 Minuten plus
10 Stunden zum Wässern und
4 Tage zum Marinieren
Ergibt 8 Rollmöpse**

Zutaten

4 Salzheringe | 4 TL Senf
2 Zwiebeln

Für die Marinade
30 g frischer Ingwer
1 EL Öl | ½ TL Kreuzkümmel
1 TL Kurkuma
1 TL Senfkörner
1 TL schwarzer Pfeffer
1 l Apfelsaft
3 EL Honig
400 ml Zitronensaft, frisch
gepresst

▌ Die Salzheringe 10 Stunden wässern, dabei zwei- bis dreimal das Wasser wechseln. Die Heringe anschließend trocken tupfen, filetieren und entgräten.

▌ Die Innenseite der nun 8 Heringsfilets mit Senf bestreichen. Die Zwiebeln schälen, in feine Ringe schneiden und darauf verteilen. Die Filets einrollen, mit Zahnstochern fixieren und in eine flache Auflaufform schichten.

▌ **Marinade:** Den Ingwer schälen und fein hacken. Das Öl erhitzen und die übrigen Gewürze darin 2–3 Minuten rösten. Die Gewürze auf Küchenpapier entfetten und in einem Mörser zerstoßen.

▌ Den Apfelsaft mit dem Honig, den Gewürzen und dem Ingwer aufkochen und 5 Minuten köcheln lassen. Mit dem Zitronensaft verrühren und lauwarm über die Fische gießen. Diese mit Folie bedeckt 4 Tage im Kühlschrank marinieren.

Tipp: Curry-Rollmops und Koriander-Mayonnaise (siehe Seite 104) ergänzen sich wunderbar.

Wildlachs mit Nüssen, Orange und Kresse

Zubereitung 20 Minuten
Ergibt 6 Päckchen

Zutaten

12 Scheiben gebeizter Wildlachs
1 Bund Schnittlauch

Für die Füllung
50 g gemischte Nüsse
100 g Hüttenkäse
100 g Frischkäse
Salz
frisch gemahlener Pfeffer
1 Msp. gemahlener Koriander
je 1 Spritzer Zitronen- und Orangensaft,
frisch gepresst
abgeriebene Schale von
⅛ unbehandelten Orange
1 Kästchen Mizuna-Kresse

▌ Die Nüsse in einer Pfanne ohne Fett rösten. 1 Esslöffel fein hacken und beiseitelegen. Die restlichen Nüsse in der Küchenmaschine mahlen und mit dem Hüttenkäse und dem Frischkäse mischen. Mit Salz, Pfeffer, Koriander, Zitronen- und Orangensaft und Orangenschale würzen. Die Kresseblättchen abschneiden und unterrühren.

▌ Je 2 Wildlachsscheiben überlappend nebeneinanderlegen, 1–2 Esslöffel Füllung daraufgeben und wie ein Päckchen einpacken. Dazu zuerst die Seiten zur Mitte über die Füllung schlagen und anschließend von unten aufrollen.

▌ Den Schnittlauch waschen, kurz mit kochendem Wasser überbrühen (damit er zum Binden verwendet werden kann) und trocken schütteln. Die Wildlachspäckchen mit Schnittlauchhalmen verschnüren und mit den restlichen Nüssen bestreuen.

Tipp: Eine ideale Beilage ist Feldsalat mit Wildkräuteröl (siehe Seite 61) oder Rauke-Pinienkern-Pesto (siehe Seite 105).

Rauchige Heilbuttröllchen am Spieß

**Zubereitung 40 Minuten plus
1 Stunde zum Kühlen
Ergibt 1 Rolle à 12 – 14 Scheiben**

Zutaten

10 – 12 Scheiben geräucherter
Heilbutt, dünn geschnitten
1 EL Sesamsaat

Für die Füllung

3 große, mehlig kochende
Kartoffeln | ½ Salatgurke
4 kleine Zweige Dill, mehr zum
Garnieren | 2 EL Olivenöl
Saft von ½ Zitrone
Salz | 1 Prise Zucker
1 Msp. Senf, mehr nach
Bedarf | 1 EL Crème fraîche

▌ Die Kartoffeln schälen, waschen, in kochendem Salzwasser sehr weich garen und mit einer Gabel zerdrücken. Die Gurke waschen, die Kerne mit einem kleinen Löffel entfernen und das Fruchtfleisch fein würfeln. Den Dill waschen, trocken schütteln und fein hacken.

▌ Das Olivenöl mit der Hälfte des Zitronensaftes, 1 Prise Salz, Zucker und Senf verrühren. Mit den zerdrückten Kartoffeln, den Gurkenwürfeln, dem Dill und der Crème fraîche vermischen. Die Masse abschmecken und gegebenenfalls mit Salz oder Senf nachwürzen.

▌ Die Heilbuttscheiben nebeneinander zu einem Rechteck auf ein Stück Klarsichtfolie legen; die Scheiben sollen an den Seiten etwas überlappen. Die Kartoffel-Gurken-Masse so dünn wie möglich daraufstreichen. Die Heilbuttscheiben und die Füllung mithilfe der Folie aufrollen. Dann die Folie an den Seiten wie ein Bonbon fest zusammendrehen und die Rolle für 1 Stunde in den Kühlschrank legen.

▌ Die Sesamsaat in einer Pfanne ohne Fett rösten. Die Heilbuttrolle mit einem scharfen Sägemesser in 1 – 2 Zentimeter dicke Scheiben schneiden, diese vorsichtig auf Spieße stecken, mit dem restlichen Zitronensaft beträufeln, mit dem Sesam bestreuen und mit Dillzweigen garnieren.

Gebeizter Heilbutt mit Salat und Beeren

**Zubereitung 30 Minuten
Ergibt 12 Päckchen**

Zutaten

12 große Scheiben gebeizter
Heilbutt | 100 g Frischkäse

Für die Füllung

100 g Wildkräutersalat oder
Baby-Leaves | 1 EL Schlehen-
mark (Reformhaus)
1 EL Honig | 3 EL Trauben-
kernöl | Saft von ½ Zitrone
Fleur de Sel | frisch gemahle-
ner bunter Pfeffer
150 g gemischte Beeren

▌ Den Salat waschen und auf einem Küchentuch trocknen lassen. Das Schlehenmark mit Honig, Traubenkernöl und Zitronensaft verrühren und mit Fleur de Sel und Pfeffer abschmecken. Den Salat mit der Schlehenvinaigrette marinieren. Die Beeren nur bei Bedarf waschen.

▌ Die Heilbuttscheiben auf die Arbeitsfläche legen und jede Scheibe dünn mit Frischkäse bestreichen. Etwas Salat zusammen mit den Beeren in der Mitte platzieren.

▌ Jede Scheibe wie ein Päckchen zusammenfalten. Dazu zuerst die Seiten zur Mitte über die Füllung schlagen und anschließend von unten aufrollen. Die Heilbuttröllchen mit Spießen fixieren und mit dem restlichen Salat servieren.

Seezunge mit Salbei

Zubereitung 25 Minuten
Ergibt 8 Röllchen

Zutaten

Filets von 1 Seezunge
Salz
frisch gemahlener Pfeffer
Saft von ½ Zitrone
8 Salbeiblätter plus 12 Salbeiblätter für die Sauce
1 Knoblauchzehe
12 getrocknete, in Öl
eingelegte Tomaten
2 EL Butter
100 ml Fischfond

❚ Die Seezungenfilets in 8 schmale Streifen schneiden. Mit Salz, Pfeffer und dem Zitronensaft würzen.

❚ Die Salbeiblätter waschen und trocken schütteln, den Knoblauch schälen und in Scheiben schneiden. Die Seezungenfilets mit je 1 Salbeiblatt, etwas Knoblauch und 1 Tomate zu Röllchen einrollen.

❚ Je 2 Röllchen auf einen Spieß stecken und in 1 Esslöffel Butter von allen Seiten braten. Die Hitze reduzieren, den Fischfond angießen und die Spieße darin 5–7 Minuten gar ziehen lassen (sie sollen nicht kochen).

❚ Den restlichen Salbei und die Tomaten fein hacken, in der restlichen Butter leicht bräunen und über die abgetropften Seezungenröllchen geben.

Tipp: Die Röllchen am Spieß sind ein ideales Fingerfood für Partys. Reichen Sie Rauke-Pinienkern-Pesto (siehe Seite 105) und Rohe Tomatensalsa (siehe Seite 105) dazu.

Schwertfisch-Involtini aus dem Ofen

Zubereitung 30 Minuten plus
10–15 Minuten zum Backen
Ergibt 8 Involtini

Zutaten

8 Schwertfischsteaks ohne
Haut (sehr dünn geschnitten)
Salz | frisch gemahlener Pfeffer
Saft von ½ Zitrone
1 EL Butter | 1 EL Pinienkerne
3–4 EL Olivenöl

Für die Füllung

2 Knoblauchzehen
1 Bund Basilikum
6 Oliven ohne Stein
3 Tomaten | 6 EL Semmelbrösel
abgeriebene Schale von
⅛ unbehandelten Zitrone
1 Msp. Chilipulver | grobes
Meersalz aus der Mühle

❚ Den Knoblauch schälen und zerdrücken. Das Basilikum waschen und trocken schütteln. 10 Blätter beiseitelegen, die restlichen in feine Streifen schneiden. Die Oliven fein hacken. Die Tomaten waschen und 1 Tomate beiseitelegen. Die restlichen Früchte vierteln, die Kerne entfernen und das Fruchtfleisch fein würfeln.

❚ 4 Esslöffel Semmelbrösel mit Knoblauch, Basilikum, Oliven, Tomatenwürfeln, Zitronenschale und Chilipulver verrühren. Mit Meersalz würzen.

❚ Die Schwertfischsteaks mit Salz, Pfeffer und der Hälfte des Zitronensafts marinieren. In der Mitte 2–3 Esslöffel der Füllung platzieren. Die langen Seiten etwa 1 Zentimeter über die Füllung schlagen und jedes Schwertfischsteak von der kurzen Seite fest einrollen. Mit je einem Zahnstocher fixieren.

❚ Den Backofen auf 180 °C vorheizen. Eine Auflaufform mit der Butter fetten und die Schwertfischröllchen nebeneinander hineinsetzen. Die beiseitegelegte Tomate würfeln und dazugeben.

❚ Die Pinienkerne hacken, die restlichen Basilikumblätter fein schneiden und beides mit 2 Esslöffeln Semmelbröseln vermischen. Die Kräuterbrösel über die Röllchen streuen, das Olivenöl darübergießen und alles mit Salz, Pfeffer und dem restlichen Zitronensaft beträufeln. Die Involtini 10–15 Minuten im vorgeheizten Backofen backen.

Calamares mit roten Linsen und Ras el Hanout

Zubereitung 40 Minuten plus 30 Minuten zum Schmoren

Für 4 Personen

Zutaten

8–10 küchenfertige Calamares
600 g reife Tomaten
2 EL Olivenöl

Für die Füllung
3 Schalotten
100 g rote Linsen
1 Zweig Rosmarin
Salz
100 g Frischkäse
100 g Blattspinat (TK)
2 Zweige Thymian
4 Knoblauchzehen
2 Sardellen
1 Msp. Ras el Hanout
1 EL Zitronensaft
frisch gemahlener Pfeffer

▌ 1 Schalotte schälen, vierteln und mit den Linsen und dem Rosmarinzweig in Salzwasser aufkochen. Die Linsen in etwa 15 Minuten weich kochen, durch ein Sieb abseihen, das Kochwasser auffangen und den Rosmarinzweig entfernen. Die abgekühlten Linsen mit dem Frischkäse in einer Küchenmaschine pürieren.

▌ Den aufgetauten Blattspinat gut ausdrücken, die Thymianblätter abzupfen, 2 Knoblauchzehen schälen, die Sardellen fein hacken. Alles unter das Linsenpüree rühren. Mit Ras el Hanout, Zitronensaft, Salz und Pfeffer abschmecken.

▌ Die Calamares trocken tupfen, zu drei Vierteln mit der Füllung füllen und mit einem Zahnstocher verschließen.

▌ Die Tomaten grob würfeln, den restlichen Knoblauch und die übrigen Schalotten schälen und fein hacken. Das Olivenöl in einem Bräter erhitzen und die Calamares von allen Seiten anbraten.

▌ Die Schalotten und den Knoblauch dazugeben und leicht anbraten. Die Tomaten und 200 Milliliter Wasser zufügen, mit Salz und Pfeffer würzen und aufkochen. 20 Minuten zugedeckt schmoren lassen, dann den Deckel abnehmen und die Calamares weitere 10 Minuten schmoren und die Tomatensauce etwas einkochen lassen. Nochmals pikant abschmecken.

In Gemüse,
Salat und Kräuter gerollt

Knackige Gemüseküche macht einfach Spaß,
besonders wenn sie so rund und bunt daher-
kommt wie bei den folgenden Rezepten. Saftige
Füllungen stecken in Salat und buntem Kohl,
in Karotten und Zucchini, in Wein- und Bananen-
blättern. Rollen Sie einfach drauflos und kom-
binieren Sie nach Lust und Laune: ob kalt oder
warm, ob mit Fisch, Fleisch, Körnern oder Käse
gefüllt.

Ziegenkäse mit Feigen, Honig und Nüssen

Zubereitung 25–30 Minuten
plus 1 Stunde zum Kühlen
Ergibt 30 Kugeln

Zutaten

200 g Ziegenfrischkäse (Rolle)
2–3 vollreife Feigen
1–2 TL Honig
1 EL Orangensaft, frisch gepresst
1 Msp. Fleur de Sel
40 g Piemonteser Haselnüsse
40 g Pistazien
40 g getrocknete Cranberrys

▌ Den Ziegenfrischkäse mit der Gabel etwas zerdrücken. Die Feigen schälen und das Fruchtfleisch würfeln. Den Honig leicht erwärmen und mit den Feigenwürfeln, dem Orangensaft und dem Fleur de Sel unter den Ziegenkäse rühren.

▌ Die Nüsse in einer Pfanne ohne Fett rösten und fein hacken. Die Pistazien und die Cranberrys ebenfalls fein hacken. (Sollten die Cranberrys zu sehr kleben, kann man sie im Backofen bei 100 °C 15–20 Minuten trocknen.)

▌ Aus dem Ziegenfrischkäse 30 Bällchen formen, davon jeweils 10 Bällchen in den Haselnüssen, Pistazien bzw. Cranberrys wälzen. Die Käsebällchen für 1 Stunde in den Kühlschrank stellen.

Tipps: Servieren Sie die Frischkäsebällchen als Aufstrich zu knusprigem Baguette oder frischem, dunklem Roggenbrot.
Probieren Sie auch einmal diese knusprig-fruchtigen Varianten: Rösten Sie die Feigenwürfel mit dem Honig in der Pfanne oder kneten Sie die Hälfte der Nüsse mit den Cranberrys unter den Käse, formen Sie zwei längliche Rollen daraus und wälzen Sie diese in den restlichen Nüssen.

Karotten-Ingwer-Risotto

**Zubereitung 50 Minuten plus
6 Stunden zum Kühlen und
15–20 Minuten zum Backen
Ergibt 12–14 Scheiben**

Zutaten

6–8 große Karotten | Salz

Für den Risotto
1 Schalotte | 10 g Ingwer
1 EL Olivenöl | 1 Zweig Zitro-
nenthymian | 150 g Risottoreis
1 Prise Zucker | 50 ml Weiß-
wein | 300 ml Gemüsebrühe
1 Apfel | 50 g Parmesan,
gerieben | 1 EL Butter

Zum Überbacken
50 g Walnüsse, gemahlen
100 g würziger Bergkäse
etwa 100 g Butter,
mehr für die Form

▌ Die Karotten schälen und längs in dünne Scheiben schneiden. Die Reste fein würfeln, beiseitestellen. Die Scheiben in kochendem Salzwasser bissfest garen, dann in Eiswasser abschrecken.

▌ **Risotto:** Schalotte und Ingwer schälen und sehr fein hacken. Das Olivenöl erhitzen. Schalotte, Ingwer, Karottenwürfel und Zitronenthymianblätter darin 2 Minuten anschwitzen. Den Risottoreis dazugeben und unter Rühren 2 Minuten mitbraten. Mit 1 Teelöffel Salz und Zucker bestreuen, einmal umrühren und mit dem Weißwein ablöschen. Die Gemüsebrühe nach und nach angießen und den Risotto unter gelegentlichem Rühren in 20 Minuten fertig garen. Den Apfel schälen, das Kerngehäuse entfernen, das Fruchtfleisch klein würfeln. Mit dem Parmesan und der Butter unter den Reis rühren.

▌ Eine Stück Alufolie (30 × 20 Zentimeter) mit einem Stück Klarsichtfolie der gleichen Größe belegen und die Karottenstreifen nebeneinander darauf platzieren. Den heißen Risottoreis dünn auf die Karotten streichen und das Ganze mithilfe der Folie von der langen Seite zu einer Rolle aufrollen. Die Enden der Folie wie ein Bonbon fest gegeneinanderdrehen und die Rolle so verschließen. Die Karottenrolle im Kühlschrank in 6 Stunden fest werden lassen.

▌ **Überbacken:** Den Backofen auf 200 °C vorheizen. Die Karottenrolle in 2 Zentimeter dicke Scheiben schneiden und in eine gebutterte Auflaufform setzen. Die Scheiben mit den Nüssen und dem Bergkäse bestreuen, mit Butterflocken belegen und 15–20 Minuten überbacken. Sofort servieren.

Zucchinipäckchen mit Ziegenkäsefüllung

**Zubereitung 30 Minuten plus
5 Minuten zum Backen
Ergibt 4 Päckchen**

Zutaten

1 mittelgroße Zucchini
1 EL Olivenöl
Salz
frisch gemahlener Pfeffer
4 Zweige rotes Basilikum
4 Ziegenkäsetaler
2–3 TL Honig

▌ Die Zucchini waschen (Enden abtrennen) und mit einer Aufschnittmaschine oder Mandoline längs in sehr dünne Scheiben schneiden.

▌ Das Olivenöl in einer großen Pfanne erhitzen und die Scheiben von beiden Seiten anbraten, mit Salz und Pfeffer würzen und etwas abkühlen lassen.

▌ Den Backofen auf 220 °C (Oberhitze/Grill) vorheizen. Das Basilikum waschen und trocken schütteln. Die Blätter auf die Zucchinischeiben legen und die Ziegenkäsetaler damit umwickeln. Die Päckchen nebeneinander auf ein mit Backpapier ausgelegtes Backblech setzen. Mit Honig beträufeln und etwa 5 Minuten im vorgeheizten Backofen überbacken.

Tipp: Zu diesem frischen Sommeressen passt Rohe Tomatensalsa (siehe Seite 105) oder Rauke-Pinienkern-Pesto (siehe Seite 105) besonders gut.

Kerbelquark im Spinatblatt

Zubereitung 15 Minuten plus 4 Stunden
zum Kühlen
Ergibt 8 Portionen

Zutaten

12–14 große Spinatblätter
Salz
frisch gemahlener Pfeffer

Für die Füllung
800 g Sahnequark
1 Prise Zucker
je 1 EL Zitronen- und Orangensaft, frisch
gepresst
1 Bund Kerbel
1 Kästchen Kresse, z.B. Affila-Kresse oder
Mizuna-Kresse
1 Blatt Gelatine

▌ Den Quark in ein mit einem Leinentuch ausgeschlagenes Sieb geben und über Nacht abtropfen lassen. Vom abgetropften Quark 600 Gramm abwiegen und mit 1 Prise Salz, Zucker, Zitronen- und Orangensaft abschmecken.

▌ Den Kerbel und die Kresse waschen, trocken schütteln, die Blätter fein schneiden und unter den Quark rühren. Die Gelatine in kaltem Wasser einweichen, dann gut ausdrücken und mit etwas Quark in einem Topf so lange erwärmen, bis sie flüssig ist. Unter den restlichen Quark mischen.

▌ Den Spinat waschen und in kochendem Salzwasser etwa 1 Minute blanchieren. Die Blätter in Eiswasser abschrecken, auf einem Küchentuch abtropfen lassen und die dicken Stängel entfernen.

▌ Ein Stück Alufolie (20 × 30 Zentimeter) auf die Arbeitsfläche legen, mit einem ebenso großen Stück Klarsichtfolie bedecken und die Spinatblätter darauf zu einem Rechteck anordnen. Die Blätter sollen an den Rändern überlappen.

▌ Die Blätter mit Salz und Pfeffer bestreuen und den Quark auf das untere Drittel der Längsseite geben. Mithilfe der Folie von der langen Seite zu einer Rolle aufwickeln.

▌ Die Rolle abgedeckt mindestens 4 Stunden in den Kühlschrank legen und vor dem Servieren mit einem Sägemesser vorsichtig in Scheiben von 3–4 Zentimeter Dicke schneiden.

Tipp: Servieren Sie den Kerbelquark zu selbst gebackenem Brot, als Dip zu neuen Kartoffeln oder buntem Frühlingsgemüse.

Gurke mit Joghurt-Minze-Füllung

**Zubereitung 40 Minuten plus 6 Stunden
zum Kühlen
Ergibt 20 – 25 Scheiben**

Zutaten

1 – 2 Salatgurken (möglichst ohne Krümmung)
Salz
frisch gemahlener bunter Pfeffer
Olivenöl zum Beträufeln

Für die Füllung
250 g Joghurt
1 Prise Salz
1 Prise Zucker
Saft von ¼ Zitrone
1 Bund Nana-Minze
1 Blatt Gelatine
125 ml Sahne

▌ Die Gurken waschen und in je vier Stücke von 10 – 15 Zentimeter Länge schneiden. Aus jedem Stück mit einem Apfelausstecher die Kerne herausholen, ohne die Gurke zu zerschneiden. Dabei nicht bis zum Ende durchstechen, damit die Füllung später nicht herauslaufen kann.

▌ Den Joghurt mit Salz, Zucker und Zitronensaft abschmecken. Die Minze waschen, trocken schütteln und die Blätter in feine Streifen schneiden. Zum Joghurt geben und mit einem Pürierstab pürieren.

▌ Die Gelatine in eiskaltem Wasser einweichen und die Sahne steif schlagen. Etwas Joghurt in einem Topf leicht erwärmen. Die Gelatine sehr gut ausdrücken und im warmen Joghurt auflösen. Sobald sie sich aufgelöst hat, den restlichen Joghurt untermischen und kalt rühren. Dann die Sahne unterziehen.

▌ Die Masse in einen Spritzbeutel geben und die ausgehöhlten Gurkenstücke damit füllen. Die Gurken in Klarsichtfolie wickeln und in mindestens 6 Stunden im Kühlschrank fest werden lassen.

▌ Die Gurken zum Servieren in Scheiben schneiden, mit Salz und Pfeffer bestreuen und mit Olivenöl beträufeln.

Tipp: Die gefüllten Gurkenscheiben machen auf sommerlichen Bfetts eine gute Figur. Zusammen mit geröstetem Baguette sind sie ein willkommenes Amuse-Bouche.

Zitronen-Basilikum-Fisch in Wirsing

Zubereitung 1 Stunde plus 1 Stunde zum Kühlen
Ergibt 16 Stück

Zutaten

16 schöne Mai-Wirsingblätter, ersatzweise
normaler Wirsing

Für die Füllung
400 g weißes Fischfilet ohne Haut
(z. B. Zanderfilet)
600 ml Sahne
30 g Pinienkerne
30 g Basilikum
abgeriebene Schale von
¼ unbehandelten Zitrone
Salz
1 Prise frisch gemahlener weißer Pfeffer
100 g gemischte Beeren

Für die Sauce
1 EL Butter plus 30 g eiskalte Butterwürfel
frisch gemahlener Pfeffer
100 ml Weißwein

▌ Die Fischfilets sorgfältig entgräten, würfeln und in das Tiefkühlfach stellen. 250 Milliliter Sahne ebenfalls im Tiefkühlfach anfrieren lassen. Währenddessen die Wirsingblätter in kochendem Salzwasser 4–5 Minuten blanchieren. Die Blätter auf einem Blech, möglichst nebeneinander, abkühlen lassen, dann den Strunk eines jeden Blattes flach klopfen.

▌ **Füllung:** Die Pinienkerne rösten, hacken und beiseitestellen. Das Basilikum waschen und trocken schütteln. Die Blätter mit der Zitronenschale, 1 Prise Salz, dem Pfeffer, den angefrorenen Fischstücken und der angefrorenen Sahne in die Küchenmaschine geben und zügig zu einer feinen Farce verarbeiten. Falls nötig, noch etwas flüssige Sahne zugeben. 100 Milliliter Sahne steif schlagen und unter die Fischfarce ziehen. Schließlich die Pinienkerne unterheben. Zuletzt die Beeren verlesen und waschen.

▌ Je 1–2 Wirsingblätter in eine Tasse oder eine kleine Suppenkelle legen und mit 1–2 Esslöffeln Farce und einigen Beeren füllen. Die Blätter oben zusammenlegen und die Fischpäckchen aus der Tasse stürzen. Nach Belieben mit einem Faden fixieren.

▌ **Sauce:** Etwas Butter in einem großen Bratentopf zerlassen und die Wirsingpäckchen darin anbraten. Mit Salz und Pfeffer würzen, den Weißwein und so viel Wasser angießen, dass die Päckchen fast bedeckt sind. Zugedeckt bei geringer Hitze 20 Minuten dünsten (nicht kochen).

▌ Die Päckchen herausnehmen und im Ofen warm halten. 250 Milliliter Kochfond abmessen, um die Hälfte reduzieren, mit der restlichen Sahne aufkochen und mit Salz und Pfeffer abschmecken. Die Sauce vom Herd nehmen und mit der kalten Butter schaumig aufmixen. Zusammen mit den Päckchen sofort servieren.

Seeteufel im Bananenblatt

Zubereitung 15 Minuten plus 30 Minuten zum Marinieren und 12 – 15 Minuten zum Dämpfen Ergibt 8 Päckchen

Zutaten

8 Bananenblätter (Ø 20 cm), (Asia-Markt)
800 g Seeteufelfilet

Für die Marinade
10 g Ingwer
3 Knoblauchzehen
1 rote Chilischote
Saft und Schale von
½ unbehandelten Limette
6 EL Sesamöl
2 EL Fischsauce
1 Bund Koriander

▌ Ingwer und Knoblauch schälen und fein zerreiben. Die Chilischote waschen, der Länge nach halbieren, die Samen herausschaben und das Fruchtfleisch fein hacken. Ingwer, Knoblauch und Chilischote mit Limettensaft und -schale, Sesamöl und Fischsauce vermischen. Die Korianderblätter hacken und ebenfalls zur Marinade geben.

▌ Den Seeteufel in 8 gleich große Medaillons teilen und mindestens 30 Minuten in der Marinade ziehen lassen. Die Bananenblätter über der Flamme des Gasherds oder in kochendem Wasser erwärmen, damit sie biegsamer sind.

▌ Die Seeteufelmedaillons abtupfen und auf je 1 Bananenblatt setzen. Die Blätter wie ein Päckchen über dem Fisch zusammenfalten und mit Zahnstochern fixieren.

▌ Die Päckchen vorsichtig in einen großen Dämpfeinsatz legen und zugedeckt über kochendem Wasser 12 – 15 Minuten garen.

Tipp: Der Seeteufel bleibt im Bananenblatt zart und saftig. Erdnusssauce (siehe Seite 122) und Teriyakisauce (siehe Seite 123) passen dazu.

Tofutaschen

Zubereitung 40 Minuten
Ergibt 4 Tofutaschen

Zutaten

4 frittierte Tofuscheiben (Asia-Markt)
500 ml Gemüsebrühe
3 EL Zucker, mehr für die Füllung
4 EL Sojasauce, mehr für die Füllung
2 EL Sake

Für die Füllung
1 Schalotte
2 Knoblauchzehen
¼ rote Paprikaschote
¼ Zuccini
½ Bund Schnittlauch
2 EL Sesamöl zum Braten
75 g rote Linsen
1 EL Crème fraîche
1 Prise Salz

❚ Den Tofu mit kochendem Wasser übergießen und jedes Stück wie eine Tasche öffnen.

❚ Die Gemüsebrühe mit Zucker, Sojasauce und Sake aufkochen und die Tofuscheiben möglichst nebeneinander hineinlegen. Die Brühe so lange köcheln lassen, bis sie um die Hälfte reduziert ist. Die Tofustücke herausnehmen und etwas abtropfen lassen, die restliche Brühe beiseitestellen.

❚ **Füllung:** Schalotte und Knoblauch schälen und fein hacken. Die Paprikaschote und die Zucchini waschen und fein würfeln. Vom Schnittlauch einige Halme beiseitelegen und die übrigen in feine Röllchen schneiden.

❚ 1 Esslöffel Sesamöl in einem Topf erhitzen, die Schalotte und den Knoblauch darin anbraten. Die Linsen hineingeben, mit 150 Milliliter Brühe aufgießen und so lange köcheln lassen, bis die Flüssigkeit verdampft ist und die Linsen fast zerfallen. Bei Bedarf etwas Brühe nachgießen. Die Linsen anschließend mit der Crème fraîche pürieren.

❚ Die Paprika- und die Zucchinistücke im restlichen Sesamöl anrösten und mit Salz, Zucker und etwas Sojasauce abschmecken. Das Gemüse zusammen mit dem Schnittlauch unter die Linsen rühren und abschmecken. Die Füllung auf die Tofutaschen verteilen. Mit den beiseitegelegten Schnittlauchhalmen garnieren.

Tipp: Diese Tofutaschen schmecken warm oder kalt mit Teriyakisauce (siehe Seite 123) oder Fünf-Gewürze-Sauce (siehe Seite 122). Traditionell werden frittierte Tofuscheiben für Inari-Sushi verwendet und mit Sesamreis gefüllt.

Weinblätter mit Sumach und Cranberrys

Zubereitung 35 Minuten plus 10 Minuten
zum Kochen
Ergibt 30 Stück

Zutaten

30 Weinblätter

Für die Füllung
150 g Couscous
100 g getrocknete Cranberrys
Salz
1 TL grobes Paprikapulver
1 TL Sumach
Saft von 1 Zitrone
Schale von ¼ unbehandelten Zitrone
3 EL Olivenöl
1 Bund glatte Petersilie
4 Zweige Minze
50 g kernlose Weintrauben
150 g Ziegenfrischkäse oder Schafskäse
1 Bio-Zitrone

▌ Couscous und Cranberrys in einer Schüssel vermischen. Salz, Paprikapulver, Sumach, Zitronensaft, Zitronenschale und Olivenöl dazugeben und untermischen. 100 Milliliter kochendes Wasser angießen und 15 Minuten ziehen lassen.

▌ Die Petersilie und die Minze waschen, trocken schütteln und die Blätter fein hacken. Die Trauben vierteln, den Käse würfeln und die Weinblätter mit kaltem Wasser abbrausen.

▌ Couscous aufrühren, mit den Kräutern, Trauben und dem Käse vermischen und abschmecken. Die Weinblätter ausbreiten und auf jedes Blatt 1–2 Esslöffel der Füllung geben. Die Seiten der Blätter von rechts und links je 1 Zentimeter über die Füllung schlagen und die Blätter vom Stielansatz fest zusammenrollen.

▌ Die Weinblätter dicht nebeneinander in einen flachen Bratentopf legen. Die Zitrone in dünne Scheiben schneiden und auf den Weinblättern verteilen. So viel Wasser angießen, dass die Rollen gerade bedeckt sind, dann mit einem Teller beschweren. Das Wasser zum Kochen bringen, die Hitze reduzieren und die Weinblätter 10 Minuten ziehen lassen.

Tipp: Weinblätter eignen sich bestens zum Füllen und Wickeln und werden in der orientalischen Küche traditionell mit gewürztem Reis, Lammhack oder Schafskäse gefüllt. Diese vegetarische Variante mit Couscous eignet sich als kalte und warme Vorspeise oder als Partysnack. Dazu passt der Avocadodip mit Beeren oder Knoblauchjoghurt (siehe Seite 32).

Spitzkohlrouladen mit Hähnchenbrust und Paprika

Zubereitung 45 Minuten
Ergibt 8 Rollen

Zutaten

8 schöne Spitzkohlblätter

Für die Füllung
350–400 g Hähnchenbrust
grobes Meersalz aus der Mühle
frisch gemahlener Pfeffer
4 Knoblauchzehen
1 Schalotte
je 1 gelbe und orangefarbene Paprikaschote
4 EL Olivenöl, mehr zum Braten
1 EL Honig | 1 Zweig Rosmarin
Saft von 1 Zitrone | 1 Msp. Paprikapulver
50 g Pinienkerne
1 Bund glatte Petersilie

▋ Die Hähnchenbrust kalt abbrausen, trocken tupfen und kräftig salzen und pfeffern. Knoblauch und Schalotte schälen und würfeln. Die Paprikaschoten vierteln, Samen und Scheidewände entfernen, das Fruchtfleisch würfeln.

▋ Die Hähnchenbrust in 2 Esslöffeln Olivenöl von allen Seiten anbraten. Knoblauch, Schalotte und Paprika 2 Minuten mitbraten. Das Fleisch mit Honig beträufeln und mit 200 Milliliter Wasser ablöschen. Den Rosmarinzweig und den Zitronensaft zugeben. Die Hitze reduzieren und das Fleisch zugedeckt in 8–10 Minuten gar ziehen lassen.

▋ Das Fleisch herausnehmen und in feine Streifen schneiden. Den Rosmarinzweig entfernen. Die Kochflüssigkeit um zwei Drittel einkochen lassen, mit dem restlichen Olivenöl und dem Paprikapulver mischen und über die Hähnchenstreifen gießen.

▋ Die Pinienkerne rösten und hacken. Die Petersilie waschen, trocken schütteln und die Blätter in feine Streifen schneiden. Beides unter die Hähnchenstreifen mischen.

▋ Die Spitzkohlblätter 3–5 Minuten in kochendem Salzwasser blanchieren, abseihen und das Kochwasser auffangen. Die dicken Rippen eines jeden Blattes flach klopfen.

▋ Auf jedes Blatt 3–4 Esslöffel Hähnchenfüllung geben; die Seiten zur Mitte hin etwa 1,5 Zentimeter umschlagen und die Füllung fest in den Kohl einrollen. Die Rouladen anschließend mit Bratengarn fixieren.

▋ Etwas Olivenöl erhitzen und die Kohlrouladen darin von allen Seiten anbraten. Etwas Kochwasser angießen, die Hitze reduzieren und die Rouladen zugedeckt in 7–10 Minuten fertig schmoren. Zwischendurch einmal wenden.

Tipp: Die Rouladen schmecken warm und kalt mit Roher Tomatensalsa (siehe Seite 105), Rauke-Pininenkern-Pesto (siehe Seite 105) oder Koriander-Mayonnaise (siehe Seite 104).

Seeteufel-Tempura im Kopfsalat

Zubereitung 20 Minuten
Für 4 Personen

Zutaten

125 g Tempuramehl (ersatzweise Weizenmehl mit 1 Msp.
Backpulver)
500 g küchenfertiger Seeteufel
grobes Meersalz aus der
Mühle | frisch gemahlener
Pfeffer | 1 Msp. Fünfgewürze-
pulver | Saft von ½ Limette
1,5 l Pflanzenöl zum Frittieren
Mehl zum Wenden

Zum Servieren
14 – 16 Kopfsalatblätter
3 Zweige Thai-Basilikum
3 Zweige Minze

▌ Für den Tempurateig 200 Milliliter eiskaltes Wasser mit dem Tempuramehl zügig verrühren und kalt stellen.

▌ Den Seeteufel in mundgerechte Stücke schneiden, mit Küchenpapier
trocken tupfen und mit Meersalz, Pfeffer, Fünfgewürzepulver und
Limettensaft würzen.

▌ Das Pflanzenöl in einem großen Topf auf 170 °C erhitzen. Die Seeteufelstücke zuerst in Mehl wenden, dann in den Tempurateig dippen
und anschließend in das heiße Fett gleiten lassen. Goldbraun frittieren
und mit einer Schaumkelle herausnehmen. Die Seeteufel-Tempura
auf Küchenpapier entfetten.

▌ Den Kopfsalat und die Kräuter waschen und trocken schütteln. Ser-
vierschälchen mit den Salat- und Kräuterblättern auslegen und die
Seeteufel-Tempura daraufsetzen.

Tipp: Wickeln Sie die kross frittierten Seeteufelstücke erst beim
Essen in Kopfsalat und Kräuter und dippen Sie sie in würzige Saucen
wie Erdnusssauce (siehe Seite 122) oder Teriyakisauce (siehe Seite 123).
Mag man es schärfer, nimmt man etwas Chilikonfitüre (siehe Seite
123) dazu.

Kopfsalat mit Currylinsen und Garnelen

Zubereitung 40 Minuten
Für 4 Personen

Zutaten

12 Kopfsalatblätter

Für die Currylinsen
1 Zwiebel | 1 EL Öl
½ TL Currypulver
100 ml Sahne | 1 TL Salz
frisch gemahlener Pfeffer
200 g gelbe Linsen

Für die Garnelen
12 Garnelen | ½ rote Chilischote
1 Knoblauchzehe
1 EL Sesamöl | 1 EL Honig
Saft von 2 Limetten

▌ **Currylinsen:** Die Zwiebel schälen, fein hacken und im heißen Öl
anbraten. Das Currypulver zufügen und 2 Minuten weiterbraten.
250 Milliliter Wasser und die Sahne angießen, salzen, pfeffern und
die Linsen hineingeben. Aufkochen und so lange köcheln lassen, bis
die Flüssigkeit verkocht ist und die Linsen weich sind. Anschließend
in der Küchenmaschine pürieren.

▌ **Garnelen:** Die Garnelen kalt abwaschen, pulen, halbieren und den
Darm entfernen. Mit einem Messer die Samen aus der Chilischote
herausschaben. Das Fruchtfleisch fein hacken. Den Knoblauch schälen und fein hacken.

▌ Das Sesamöl erhitzen, die Garnelen darin rundum scharf anbraten
und herausnehmen. Die Hitze reduzieren, Chilischote und Knoblauch im gleichen Fett farblos anschwitzen. Honig und Limettensaft
unterrühren und die Garnelen darin schwenken.

▌ Die Kopfsalatblätter waschen und trocken schütteln. Je nach Größe
der Blätter 1 – 2 Teelöffel Linsenpaste darauf verteilen und etwas flach
drücken. Je eine Garnele und etwas Sauce daraufgeben, die Füllung
in die Blätter einschlagen und mit Zahnstochern fixieren.

Romanasalat-Schiffchen mit knuspriger Ente und Orange

Zubereitung 20 Minuten plus 3 – 4 Stunden zum Confieren und 12 Stunden zum Salzen
Ergibt 10 – 12 Schiffchen

Zutaten

10 – 12 schöne Romanasalat-Blätter

Für das Fleisch
2 Entenkeulen
200 grobes Meersalz
750 ml Olivenöl
2 Zweige Thymian
1 EL Pfefferkörner
Schale von ½ unbehandelten Orange
5 Knoblauchzehen, zerdrückt

Für das Dressing
Saft von 2 Orangen
1 TL Dijonsenf
4 EL Olivenöl
Salz
frisch gemahlener Pfeffer

▌**Fleisch:** Die Keulen mit Meersalz einreiben und für 12 Stunden kalt stellen. Den Backofen auf 100 °C vorheizen. Das Fleisch abwaschen, trocken tupfen und mit Olivenöl, Thymianzweigen, Pfefferkörnern, Orangenschale und Knoblauch in einen Topf, der Backofenhitze verträgt, geben. Den Topfinhalt auf dem Herd erhitzen, dann die Keulen im Backofen 3 – 4 Stunden confieren. Sie sind fertig, wenn sich das Fleisch vom Knochen löst.

▌**Dressing:** Den Orangensaft mit Senf und Olivenöl verrühren und mit Salz und Pfeffer würzen.

▌Die Entenkeulen aus dem Öl nehmen, abkühlen lassen und das Fleisch von den Knochen lösen. Das Fleisch samt Haut in feine Streifen zerteilen und das Öl durch ein Sieb abseihen. 1 Esslöffel davon in einer großen Pfanne erhitzen und die Entenstücke darin knusprig braten. (Das restliche Öl abfüllen und wiederverwenden.)

▌Die Romanasalat-Blätter waschen und den Strunk herausschneiden. Die Salatblätter mit einem Zahnstocher jeweils so fixieren, dass sich kleine Schiffchen ergeben. Jedes mit etwas Entenfleisch füllen und vor dem Servieren mit dem Dressing beträufeln.

Tipp: Ente und Orange – das gehört zusammen. Reichen Sie die Schiffchen als Vorspeise oder Snack und stellen Sie nach Belieben etwas Sojasauce oder Chilikonfitüre (siehe Seite 123) bereit.

Auberginen- und Zucchini-röllchen mit Gewürztofu

Zubereitung 40 Minuten plus 4 Stunden zum
Marinieren und 20 Minuten zum Backen
Für 2 – 4 Personen

Zutaten

Für den Gewürztofu
150 g Tofu
2 EL Olivenöl
Saft von ½ Zitrone
3 EL Rauke-Pinienkern-Pesto (siehe Seite 105)
1 Msp. Zucker

Für die Röllchen
1 große Aubergine
Salz
1 Zucchini
Olivenöl zum Bestreichen und Braten
1 Bund Basilikum
150 g Feta
1 Rezept Rohe Tomatensalsa (siehe Seite 105)
70 g Parmesan, gerieben

▌**Gewürztofu:** Den Tofu in längliche, bleistiftdicke Streifen schneiden. Olivenöl, Zitronensaft, Rauke-Pinienkern-Pesto und Zucker vermischen. Den Tofu mindestens 4 Stunden darin einlegen.

▌**Röllchen:** Die Aubergine in ½ Zentimeter breite Scheiben schneiden, von beiden Seiten salzen, auf Küchenpapier ausbreiten und 30 Minuten ziehen lassen. Die Zucchini ebenso in Scheiben schneiden.

▌Die Auberginenscheiben kalt abspülen und trocken tupfen. Aubergine und Zucchini von beiden Seiten mit Olivenöl bestreichen. Die Gemüsescheiben in einer Pfanne mit heißem Öl oder auf dem Grill in 3 – 5 Minuten goldbraun rösten und danach abkühlen lassen.

▌Den Backofen auf 200 °C vorheizen. Das Basilikum waschen, trocken schütteln und die Blätter abzupfen. Den Feta in längliche Streifen schneiden. Die Tomatensalsa in eine Auflaufform geben.

▌Die Zucchini- und Auberginenscheiben jeweils mit 1 Blatt Basilikum, 1 Streifen Tofu und 1 Streifen Käse belegen und aufrollen. Die Röllchen halbieren, mit den Schnittflächen nach unten in die Auflaufform setzen und mit der restlichen Tofumarinade übergießen. Mit dem Parmesan bestreuen und 20 Minuten überbacken.

Tipp: Servieren Sie diese Röllchen als Vorspeise oder als vegetarischen Imbiss zusammen mit Knoblauchjoghurt (siehe Seite 32) und frischem Baguette oder Basmatireis.

Spitzpaprika mit Kartoffel und Oliven

Zubereitung 45 Minuten plus 15 Minuten zum Backen
Für 4 Personen

Zutaten

4 rote Spitzpaprika
4 EL Olivenöl
1 EL Honig
Saft von ½ Zitrone
Fleur de Sel
einige Zweige Thymian, Blätter abgezupft

Für die Füllung

1 große, mehlig kochende Kartoffel
100 g getrocknete, schwarze Oliven ohne Stein
200 g Feta
3 Zweige Estragon
frisch gemahlener Pfeffer
Saft von ½ Zitrone

▌ Den Backofen auf 250 °C vorheizen. Von den Spitzpaprika oben einen Deckel abschneiden, die Samen entfernen und die Paprika waschen. Die Schoten nebeneinander auf ein Backblech legen, mit 1 Esslöffel Olivenöl, dem Honig und dem Zitronensaft beträufeln. Mit etwas Fleur de Sel und den Thymianblättern bestreuen. Die Paprika 15 Minuten im Backofen garen und zwischendurch einmal wenden.

▌ Die Kartoffel schälen und in kochendem Salzwasser weich garen. Mit einer Gabel zerdrücken und mit Folie abdecken. Die Oliven hacken und den Feta mit einer Gabel zerdrücken. Den Estragon waschen, trocken schütteln und die Blätter hacken. Oliven, Käse und Estragon mit der zerdrückten Kartoffel vermischen. Mit Fleur de Sel und Pfeffer würzen und mit dem Zitronensaft und 2 Esslöffeln Olivenöl mischen.

▌ Die fertig gegarten Spitzpaprika etwas abkühlen lassen, dann mit der Kartoffel-Oliven-Masse füllen. Das restliche Olivenöl in einer Pfanne erhitzen und die Schoten vor dem Servieren kurz darin anbraten.

Tipp: Mit Salsa verde (siehe Seite 104), Rauke-Pinienkern-Pesto (siehe Seite 105) oder Sauerrahm warm, lauwarm oder kalt servieren. Da die Füllung beim Braten weich wird, sollten Sie die Paprika nur in Scheiben schneiden, wenn Sie sie kalt anrichten.

Wirsing-Hackfleisch-Spieße

Zubereitung 40 Minuten
plus 10–15 Minuten zum Braten
Ergibt etwa 40 Spieße

Zutaten

1 Kopf Wirsing

Für die Füllung
450 g gemischtes Hackfleisch (Rind und Schwein)
1 altbackenes Brötchen
Milch zum Einweichen
50 g durchwachsener Speck
4 Schalotten
1 Ei
Salz
frisch gemahlener Pfeffer
1 Msp. Paprikapulver
einige Zweige Majoran

Außerdem
Öl zum Braten

■ Die äußeren, dicken Blätter des Wirsings entfernen. Den Strunk herausschneiden und den Wirsing zu zwei Dritteln entblättern. Die Blätter in kochendem Salzwasser 2 Minuten blanchieren, dann in Eiswasser abschrecken. Auf einem Küchentuch ausbreiten und trocken tupfen. Die Strunkansätze vorsichtig flach drücken.

■ Das Hackfleisch in eine Schüssel geben. Das Brötchen zerkleinern und in etwas lauwarmer Milch einweichen, dann gut ausdrücken. Den Speck würfeln, 1 Schalotte schälen und fein hacken. Alle Zutaten mit dem Ei verkneten. Mit Salz, Pfeffer und Paprikapulver würzen. Von einem Majoranzweig die Blätter abzupfen, hacken und untermischen.

■ Jeweils 2 Wirsingblätter so ineinanderlegen, dass die Strunkansätze sich in der Mitte überlappen. Mit Salz und Pfeffer würzen und etwa 50 Gramm Hackfleischmasse in die Mitte geben. Die Seiten der Kohlblätter zur Mitte über die Füllung schlagen. Das untere Ende darüberlegen und das Hackfleisch fest in die Blätter einrollen.

■ Die Kohlrouladen mit den restlichen Majoranzweigen in einer Pfanne in heißem Öl von allen Seiten anbraten. Die übrigen Schalotten schälen, vierteln und mitbraten. Wenn die Rouladen leicht gebräunt sind, die Hitze reduzieren und in 10–15 Minuten fertig braten. Die Rouladen zum Servieren in Scheiben schneiden, mit grobem Salz und Pfeffer bestreuen und je einen Spieß oder Zahnstocher hineinstecken.

Tipp: Dippen Sie die kalten oder warmen Spieße in Sauerrahm, Karotten-Ingwer-Dip (siehe Seite 61) oder Salsa verde (siehe Seite 104).

Rote Wildschweinrouladen mit Trauben und Nüssen

Zubereitung 45 Minuten
plus 15 Minuten zum Schmoren
Ergibt 8–10 Rouladen

Zutaten

1 Kopf Rotkohl

Für die Füllung
450 g Wildschweinhackfleisch
70 g verschiedene Nüsse
2 rote Zwiebeln
je einige Zweige Estragon und Thymian
70 g kernlose Weintrauben, geviertelt
Salz
frisch gemahlener Pfeffer
etwas gemahlener Koriander

Für die Sauce
1 EL Butter plus 2 EL sehr kalte Butter
250 ml Rotwein
1 Stange Zimt
1 Sternanis
etwas Schale von 1 unbehandelten Orange
grobes Salz aus der Mühle

▮ Die äußeren Blätter des Rotkohls entfernen und den Strunk herausschneiden. Den Kohl in sprudelnd kochendem Salzwasser 10–15 Minuten kochen, etwas abkühlen lassen und vorsichtig zu zwei Dritteln entblättern. Die blanchierten Blätter auf einem Küchentuch ausbreiten und trocken tupfen. Die dicken weißen Rippen herausschneiden, dann die Blätter vorsichtig plattieren.

▮ **Füllung:** Das Hackfleisch in eine Schüssel geben. Die Nüsse in einer Pfanne ohne Fett rösten und fein hacken. Die Zwiebeln schälen und eine Zwiebel für die Sauce beiseitelegen. Die übrige Zwiebel fein würfeln. Die Kräuter waschen, trocken schütteln und die Blätter fein hacken. Hackfleisch, Nüsse, Zwiebel, Kräuter und Trauben vermengen und mit Salz, Pfeffer und Koriander würzen.

▮ Jeweils 2 Rotkohlblätter ineinanderlegen, mit Salz und Pfeffer würzen und 50–60 Gramm Hackfleischmasse in die Mitte geben. Die Seiten der Kohlblätter zur Mitte über die Füllung schlagen. Das untere Ende darüberlegen und das Hackfleisch fest in die Blätter einrollen. Die Rouladen mit Bratengarn fixieren.

▮ **Sauce:** 1 Esslöffel Butter in einer großen Pfanne erhitzen und die Rotkohlrouladen von allen Seiten darin anbraten. Die restliche Zwiebel vierteln und mitbraten. Sobald die Rouladen leicht gebräunt sind, die Hitze reduzieren, den Rotwein angießen und Zimt, Sternanis und Orangenschale zugeben. Die Rouladen zugedeckt in 15 Minuten fertig schmoren, zwischendurch einmal wenden.

▮ Kurz vor Ende der Bratzeit den Deckel abnehmen, die Zimtstange und den Sternanis entfernen und die Flüssigkeit um zwei Drittel reduzieren. Die kalte Butter einmixen, mit grobem Salz und Pfeffer würzen und die Sauce mit den Rouladen servieren.

Salsa & Dip

Koriander-Mayonnaise

Zubereitung 20 Minuten
Ergibt etwa 300 ml

Zutaten

2 Eigelb | 1 Msp. Senf
Saft und abgeriebene Schale von
1 Bio-Zitrone | Salz | 1 Prise Zucker
250 ml Olivenöl | frisch gemahlener Pfeffer
1 Bund frischer Koriander

▌ Die Eigelbe mit Senf, Zitronensaft und -schale,
1 Prise Salz und Zucker verrühren. Das Olivenöl
unter ständigem Rühren tröpfchenweise mit dem
Handrührgerät einarbeiten. Sollte die Mayonnaise
zu dick werden, zwischendurch noch einige Tropfen
Wasser dazugeben. Die Mayonnaise mit Salz und
Pfeffer abschmecken.
▌ Den Koriander waschen, trocken schütteln und die
Blätter fein hacken. Unter die Mayonnaise mischen.
Die Mayonnaise bis zur Verwendung mit Folie
bedeckt kalt stellen.

Salsa verde

Zubereitung 20 Minuten
Ergibt etwa 400 ml

Zutaten

100 g gemischte Gartenkräuter (z.B. Petersilie, Schnittlauch, Estragon, Bohnenkraut)
1 Ei, wachsweich gekocht | 1 kleine Kartoffel,
gekocht und geschält | 50 ml Gemüsebrühe
150 ml Olivenöl | Saft von ½ Zitrone | Zucker
Salz | frisch gemahlener Pfeffer
etwas frisch geriebene Muskatnuss

▌ Die Gartenkräuter waschen, trocken schütteln und
die Blätter fein hacken. Das Ei pellen. Das Eiweiß
ablösen und in kleine Stücke schneiden. Das Eigelb
zusammen mit der Kartoffel zerdrücken. Die Kräuter mit der Brühe, dem Öl, der Hälfte des Zitronensafts und 1 Prise Zucker fein pürieren.
▌ Die Kartoffel-Eigelb-Mischung und die Eiweißstück-
chen unter die Kräutermischung rühren. Mit Salz,
Pfeffer und Muskat würzen. Die Sauce vor dem Servieren mit Zitronensaft und Zucker abschmecken.

Rohe Tomatensalsa

Zubereitung 15 Minuten
Ergibt etwa 250 ml

Zutaten

6 reife Tomaten | 1 Schalotte | 1 Knoblauch-
zehe | 1 Bund Basilikum | 1 EL Pinienkerne
50 ml Olivenöl | 1 EL heller Balsamicoessig
½ TL Ahornsirup | Salz | frisch gemahlener
Pfeffer

▌ Die Tomaten waschen, vierteln und die Samen ent-
fernen. Die Samen in einem Sieb abtropfen lassen,
dabei die Flüssigkeit ausdrücken und auffangen. Das
Tomatenfruchtfleisch würfeln.
▌ Schalotte und Knoblauch schälen und fein würfeln.
Das Basilikum waschen, trocken schütteln und die
Blätter in feine Streifen schneiden. Die Pinienkerne
in einer Pfanne ohne Fett rösten und hacken.
▌ Alle Zutaten mit der Tomatenflüssigkeit und dem
Olivenöl mischen und mit Balsamicoessig, Ahornsi-
rup, Salz und Pfeffer abschmecken.

Rauke-Pinienkern-Pesto

Zubereitung 15 Minuten
Ergibt etwa 200 ml

Zutaten

40 g Rauke | je ½ Bund Basilikum und Peter-
silie | 2 Knoblauchzehen | 75–100 ml Olivenöl
Salz | 1 Prise Zucker | 1 TL Zitronensaft,
frisch gespresst | 25 g Pinienkerne, geröstet
30 g Parmesan, gerieben
frisch gemahlener Pfeffer

▌ Die Rauke und die Kräuterblätter waschen und trocken schütteln. Den Knoblauch schälen und grob
hacken. Rauke, Kräuter und Knoblauch mit Olivenöl, 1 Prise Salz, Zucker und Zitronensaft fein
pürieren.
▌ Die Pinienkerne und den Parmesan unterrühren
und das Pesto mit Salz und Pfeffer abschmecken.

In Reis und Algen gerollt

Zart und leicht sind die Rollen aus Asien. Frische Reispapierrollen, knusprige Frühlingsrollen, saftige Päckchen und würzige Sushirollen sind gut vorzubereiten und schnell zubereitet. Falls Sie mal nicht so viel Zeit haben: Stellen Sie die Zutaten bereit und lassen Sie Ihre Gäste einfach selber rollen.

Frühlingsrollen mit Schweine-fleisch, Früchten und Sesam

Zubereitung 25 Minuten
Ergibt 16–18 Rollen

Zutaten

16–18 Blätter Frühlingsrollenteig (à 12 × 12 cm)

Für die Füllung
400 g Schweinefleisch mit etwas Fett
(geeignet zum Kurzbraten)
50 g getrocknete Soft-Aprikosen
50 g getrocknete Soft-Feigen
100 g Pflaumen
1 EL Sesamsaat
1 rote Chilischote
1 EL Sesamöl
1 EL Sojasauce
1 EL Tamarindensauce
1 TL Fischsauce
2 Zweige Thai-Basilikum

Für die Rollen
1 TL Speisestärke
Pflanzenöl zum Ausbacken

▮ **Füllung:** Das Schweinefleisch in feine Streifen schneiden. Die Aprikosen und die Feigen sehr fein hacken. Die Pflaumen waschen, entkernen und fein würfeln. Die Sesamsaat in einer Pfanne ohne Fett rösten. Die Chilischote waschen, von den Samen befreien und das Fruchtfleisch fein hacken.

▮ Das Sesamöl in einem Wok oder einer Bratpfanne erhitzen und das Fleisch darin goldbraun anbraten. Die Chilischote, Sojasauce, Tamarindensauce und Fischsauce zum Ende der Bratzeit zufügen, die Hitze reduzieren und das Fleisch 5 Minuten unter Rühren weiterbraten.

▮ Das Thai-Basilikum waschen, trocken schütteln und die Blätter fein schneiden. Dann zusammen mit den Früchten und der Sesamsaat unter das Fleisch rühren.

▮ **Rollen:** Die Speisestärke mit etwas Wasser glatt rühren. Die Frühlingsrollenblätter auf die Arbeitsfläche legen und die Ränder dünn mit der angerührten Stärke bestreichen. In die Mitte der Teigstücke jeweils 2–3 Teelöffel der Füllung geben. Dabei an den Seiten jeweils einen 2 Zentimeter breiten Rand lassen. Die Teigränder links und rechts jeweils zur Mitte hin umklappen und jedes Teigstück zu einer Rolle einrollen.

▮ Das Pflanzenöl in einem großen Topf auf 170 °C erhitzen. Die Frühlingsrollen darin goldbraun ausbacken, mit einer Schaumkelle herausnehmen und auf Küchenpapier entfetten.

Tipp: Die Frühlingsrollen sollten so frisch wie möglich auf den Tisch kommen, am besten kombiniert mit Süßscharfer Orangensauce (siehe Seite 123), Erdnusssauce (siehe Seite 122) und Chilikonfitüre (siehe Seite 123).

Nem

Zubereitung 35 Minuten
Ergibt 16 Rollen

Zutaten

16 Blätter Reispapier (Ø 20 cm)

Für die Nudeln
30 g Glasnudeln
Salz | 1 TL Sesamöl

Für die Füllung
400 g Garnelen
1 Knoblauchzehe
2 Stangen Thai-Frühlingszwiebeln
½ rote Chilischote
je 1 EL salzige und süße Sojasauce
1 TL Fischsauce

Für den Salat
1 Kopfsalat
½ Bund Thai-Basilikum
½ Bund Koriander
½ Bund Minze

Außerdem
1 TL Speisestärke
Pflanzenöl zum Ausbacken

▌ **Nudeln:** Die Glasnudeln in kochendem Salzwasser 6 Minuten kochen, abgießen und kurz mit kaltem Wasser abschrecken. Mit dem Sesamöl vermengen.

▌ **Füllung:** Die Garnelen kalt abwaschen, pulen, halbieren und den Darm entfernen. Das Fleisch etwas zerkleinern. Den Knoblauch schälen und fein hacken. Die Frühlingszwiebeln in feine Ringe schneiden. Die Chilischote entkernen und das Fruchtfleisch ebenfalls sehr fein hacken. Die Garnelen mit dem Knoblauch, den Frühlingszwiebeln und der Chilischote vermengen und mit salziger und süßer Sojasauce und mit der Fischsauce verrühren.

▌ **Salat:** Den Kopfsalat entblättern, waschen und trocken schleudern. Die Kräuterblätter waschen, trocken schütteln und mit den Salatblättern auf einem großen Teller oder einer Platte anrichten. Mit einem feuchten Tuch bedecken und bis zum Servieren kalt stellen.

▌ Jedes Reispapierblatt 1–2 Minuten in lauwarmem Wasser einweichen, dann auf einer Arbeitsplatte ausbreiten. Die Speisestärke mit etwas Wasser glatt rühren und die Ränder der Reispapierblätter dünn damit bestreichen. In die Mitte der Teigstücke jeweils 2–3 Teelöffel der Garnelenfüllung und einige Glasnudeln geben. Dabei an den Seiten einen 2 Zentimeter breiten Rand lassen. Die Teigränder links und rechts jeweils zur Mitte hin umklappen und jedes Teigstück möglichst fest zu einer Rolle einrollen. Diese etwas antrocknen lassen.

▌ Das Pflanzenöl in einem großen Topf auf 200 °C erhitzen. Die Rollen darin einige Minuten ausbacken, mit einer Schaumkelle herausnehmen und auf Küchenpapier entfetten. (**Vorsicht:** Die Rollen können platzen und das heiße Fett kann spritzen. Halten Sie deshalb etwas Abstand!)

Tipp: Die knusprig ausgebackenen Sommerrollen werden heiß mit Salatblättern und frischen Kräutern serviert und erst am Tisch darin eingepackt. Als Dip eignen sich süße Sojasauce, Süßscharfe Orangensauce (siehe Seite 123) und Teriyakisauce (siehe Seite 123).

Roastbeef mit Gewürzen und Sesam

Zubereitung 25 Minuten
Ergibt 8 Päckchen

Zutaten

8 Blätter Reispapier (Ø 16 cm)

Für das Fleisch

300 g marmorierter Rinder-
rücken | 1 TL Fünfgewürze-
pulver | Fleur de Sel oder gro-
bes Meersalz aus der Mühle
frisch gemahlener Pfeffer
1 EL Sesamöl

Außerdem

1 EL Sesamsaat | 8 Blätter
Romanasalat ohne Strunk
je 2 Zweige Thai-Basilikum,
Koriander und Kerbel

▌Den Backofen auf 120 °C vorheizen. Den Rinderrücken mit Fünfgewürzepulver, Salz und Pfeffer einreiben. Das Öl in einer Pfanne
erhitzen und das Fleisch von allen Seiten jeweils 2 Minuten anbraten.
Dann auf einem Backblech im vorgeheizten Backofen 10 Minuten
ziehen lassen, zwischendurch einmal wenden. Anschließend in
Alufolie wickeln und beiseitestellen.

▌Den Sesam in einer Pfanne ohne Fett rösten. Den Salat waschen
und trocken tupfen. Die Kräuter waschen, trocken schütteln und die
Blätter abzupfen.

▌Das Roastbeef in Scheiben schneiden und mit Fleur de Sel und
Pfeffer würzen. Jedes Reispapierblatt 1 – 2 Minuten in lauwarmem
Wasser einweichen, dann auf einer Arbeitsplatte ausbreiten. Ein Salat-
blatt so auf das Papier legen, dass es ein wenig über den Rand ragt.
Das Roastbeef, etwas Sesam und einige Kräuterblätter darauf verteilen
und die Rolle so zusammenrollen, dass das Fleisch zu einem Drittel
oben herausschaut. Die Rollen mit etwas Sesam garnieren.

Tipp: Fünf-Gewürze-Sauce (siehe Seite 122) und Teriyakisauce
(siehe Seite 123) sind ideale Begleiter der saftigen Rollen.

Fruchtige Knusperrolle

Zubereitung 40 Minuten plus
6 Stunden zum Marinieren
Ergibt 12 Rollen

Zutaten

12 Blätter Reispapier (Ø 16 cm)

Für den Tofu

200 g Tofu | 4 Zweige Estragon
Saft von 1 und abgeriebene
Schale von ½ unbehandelten
Orange
1 TL Dijonsenf | 3 EL Olivenöl
Pflanzenöl zum Ausbacken
150 g Panko-Paniermehl

Außerdem

40 g Wildkräutersalat
1 Handvoll essbare Blüten

▌Den Tofu in Würfel mit 1 Zentimeter Kantenlänge schneiden. Den
Estragon waschen, trocken schütteln und die Blätter fein hacken,
dann mit Orangensaft und -schale, Dijonsenf und Olivenöl mischen.
Den Tofu in der Marinade mindestens 6 Stunden ziehen lassen. Die
Tofustücke anschließend in ein Sieb abseihen, dabei die Marinade
auffangen.

▌Das Pflanzenöl in einem Wok oder in einem Topf erhitzen. Die
Tofustücke im Panko-Paniermehl wälzen und im heißen Fett knusprig
ausbacken. Auf Küchenpapier entfetten und sofort weiterverarbeiten.

▌Den Wildkräutersalat waschen und trocken schleudern. Jedes Reispapierblatt 1 – 2 Minuten in lauwarmem Wasser einweichen, dann auf
einer Arbeitsplatte ausbreiten. Den Wildkräutersalat, die Tofuwürfel
und etwas Tofumarinade daraufgeben und die Seiten des Reispapiers
zur Mitte hin darüberklappen. Die untere Seite des Blattes über die
Füllung schlagen und zu einer Rolle einrollen. Bevor die Rolle ganz
eingerollt ist, jeweils drei Blüten zwischen zwei Teigschichten legen
und die Rolle fertig aufrollen.

Avocado-Jakobsmuschel-Päckchen

Zubereitung 25 Minuten
Ergibt 12 Päckchen

Zutaten

12 Blätter Frühlingsrollenteig
(à 16 × 16 cm)

Für die Jakobsmuscheln
12 große Jakobsmuscheln
Fleur de Sel
frisch gemahlener bunter Pfeffer
3 EL Sesamöl
Saft von ½ Zitrone

Für die Avocadocreme
2 Avocados
etwas Ahornsirup

Außerdem
1 TL Speisestärke

▌ **Muscheln:** Die Jakobsmuscheln mit Fleur de Sel und buntem Pfeffer würzen und von jeder Seite etwa 1 Minute in 2 Esslöffeln Sesamöl anbraten. Mit etwas Zitronensaft beträufeln und auf einem Teller abkühlen lassen.

▌ **Avocadocreme:** Das Fruchtfleisch aus den Avocados herauslösen und zerdrücken, sofort mit dem restlichen Zitronensaft beträufeln und mit Salz, Pfeffer und Ahornsirup würzen.

▌ Die Speisestärke mit etwas Wasser glatt rühren. Die Frühlingsrollenblätter auf die Arbeitsfläche legen und die Ränder dünn mit der angerührten Stärke bestreichen. Je 1 Teelöffel Avocadocreme auf einem Frühlingsrollenblatt verteilen, 1 Jakobsmuschel daraufsetzen und 1 weiterer Teelöffel Avocadocreme daraufgeben. Die Muschel wie ein Päckchen einpacken.

▌ Das restliche Sesamöl in einer beschichteten Pfanne erhitzen und die Päckchen darin von allen Seiten kross braten.

Tipp: Servieren Sie die Päckchen mit Roher Tomatensalsa (siehe Seite 105) und der restlichen Avocadocreme. Schmecken Sie die Tomatensalsa für dieses Gericht am besten mit Sojasauce und Sesamöl statt mit Olivenöl ab.

Bunte Sommerrolle mit Sprossen

Zubereitung 15 Minuten
Ergibt 8 Rollen

Zutaten

8 Blätter Reispapier (Ø 16 cm)

Für die Füllung
50 g verschiedene Sprossen
1 rote Zwiebel
1 Karotte
je ½ rote und gelbe Paprikaschote
2 Knoblauchzehen
1 EL Sesamöl
1 TL Fischsauce
Saft von ½ Limette
je 1 TL süße und salzige Sojasauce
5 Zweige Koriander
2 Zweige Thai-Basilikum

▌ Die Sprossen waschen und abtropfen lassen. Die Zwiebel schälen und in dünne Scheiben schneiden. Die Karotte ebenfalls schälen, die Paprika waschen und beides in feine Streifen schneiden. Den Knoblauch schälen und fein hacken.

▌ Das Sesamöl in einem Wok oder einer Pfanne erhitzen und das Gemüse kurz darin anbraten. Mit Fischsauce, Limettensaft und den beiden Sojasaucen würzen und auf einem flachen Teller abkühlen lassen.

▌ Die Kräuter waschen, trocken schütteln und die Blätter abzupfen.

▌ Jedes Reispapierblatt 1 – 2 Minuten in lauwarmem Wasser einweichen, dann auf einer Arbeitsplatte ausbreiten. In die Mitte etwas Gemüse, Sprossen sowie etwas Thai-Basilikum und Koriander geben. Den unteren Rand des Blattes und dann die Seiten über die Füllung klappen und aufrollen.

Frittierte Riesengarnelen

Zubereitung 20 Minuten
Ergibt 12 Päckchen

Zutaten

12 Riesengarnelen
Salz
frisch gemahlener bunter Pfeffer
Saft von ½ Limette
30 g Glasnudeln
1–2 TL Sesamöl
Pflanzenöl zum Ausbacken

▌ Die Garnelen kalt abwaschen, pulen, halbieren und den Darm entfernen. Mit Salz, Pfeffer und Limettensaft würzen.

▌ Die Glasnudeln in kochendem Salzwasser 6 Minuten kochen, abgießen und kurz mit kaltem Wasser abschrecken. Mit dem Sesamöl vermischen. Jede Garnele mit einigen Glasnudeln umwickeln.

▌ Das Pflanzenöl in einem Topf auf 200 °C erhitzen und die Garnelenpäckchen darin goldbraun ausbacken.

Tipp: Die frittierten Garnelen sofort servieren, idealerweise mit Sojasauce und Süßscharfer Orangensauce (siehe Seite 123) zum Dippen.

Won tan mit Erbsen und Ingwer-Karotten

Zubereitung 25 – 30 Minuten plus 10 – 15 Minuten zum Dämpfen
Ergibt 24 Teigtaschen

Zutaten

24 Won tan-Blätter

Für die Füllung
200 g frische, gepalte Mark- oder Gartenerbsen (ersatzweise TK-Erbsen)
200 g zarte Karotten
20 g frischer Ingwer
Salz
1 TL Zucker
Saft von ½ Limette
1 TL dunkles Sesamöl
70 g Chashewkerne
1 TL Speisestärke

Außerdem
1 Bambusdämpfer (Ø 24 cm)
1 Bananenblatt zum Auslegen

▌ Die Erbsen in 1 Liter kochendem Salzwasser 5 – 6 Minuten blanchieren. Dann durch ein Sieb abseihen und das Kochwasser auffangen. Die Erbsen kurz mit kaltem Wasser abbrausen.

▌ Die Karotten schälen und würfeln. Das Kochwasser der Erbsen erneut aufkochen und die Karottenwürfel darin weich garen. Mit einer Schaumkelle herausheben und mit 1 – 2 Esslöffeln Kochwasser in eine Küchenmaschine geben.

▌ Den Ingwer schälen, fein reiben und zu den Karotten geben. Salz, Zucker, Limettensaft und Sesamöl hinzufügen, alles fein pürieren und abkühlen lassen.

▌ Die Cashewkerne in einer Pfanne ohne Fett rösten, hacken und mit den Erbsen und der Speisestärke unter das Karottenpüree rühren.

▌ Die Won-tan-Blätter nebeneinanderlegen und die Ränder mit Wasser bestreichen. In die Mitte jeweils 1 – 2 Teelöffel Füllung geben, die Ränder nach oben ziehen und zusammendrücken.

▌ Den Bambusdämpfer mit dem Bananenblatt auslegen und die Teigtaschen daraufsetzen. So viel Wasser in einen Wok oder einen großen Topf füllen, dass der Boden gut bedeckt ist. Den Bambusdämpfer darüberstellen. Das Wasser aufkochen und die Teigtaschen zugedeckt 10 – 15 Minuten dämpfen. Bei Bedarf Wasser nachfüllen.

Tipp: Won tan sollten so frisch wie möglich auf den Tisch. Als Dip passt Süßscharfe Orangensauce (siehe Seite 123), aber auch salzige oder süße Sojasauce, je nach Geschmack.

Salsa & Dip

Erdnusssauce

Zubereitung 20 Minuten
Ergibt etwa 400 ml

Zutaten

200 g geröstete Erdnüsse | 10 g frischer Ingwer
3 EL Erdnussöl | 400 ml Kokosmilch
Saft von 1 Limette | 3 EL gesüßte Sojasauce
1 EL Palmzucker | 1 TL Sambal Oelek

Die Erdnüsse in einer Küchenmaschine fein mahlen. Den Ingwer schälen und fein reiben. Das Erdnussöl erhitzen, den Ingwer und die Erdnüsse 2 Minuten darin braten. Kokosmilch, Limettensaft, Sojasauce, Palmzucker und Sambal Oelek hinzugeben, aufkochen und die Sauce bei geringer Hitze 10 Minuten einkochen lassen. Dabei immer wieder umrühren. Sobald die Sauce sämig ist, vom Herd nehmen und abkühlen lassen.

Fünf-Gewürze-Sauce

Zubereitung 10 Minuten
Ergibt etwa 150 ml

Zutaten

2 Knoblauchzehen | 50 g Sesamsaat
2 EL Reisessig | 100 ml helle Sojasauce
2 TL gemahlener Szechuanpfeffer
1 TL Fünfgewürzepulver

Den Knoblauch schälen und fein hacken. Den Sesam in einer Pfanne ohne Fett rösten. Knoblauch, Reisessig, Sojasauce, Szechuanpfeffer und Fünfgewürzepulver zum Sesam geben und einmal aufkochen lassen. Die Sauce kalt oder warm servieren.

Chilikonfitüre

Zubereitung 10 Minuten
Ergibt etwa 100 ml

Zutaten

2 rote Thai-Chilischoten | 80 g brauner Zucker

▍ Die Chilischoten waschen, halbieren und die Samen mit einem Messer herausschaben. Das Fruchtfleisch hacken und mit 100 Milliliter Wasser und dem Zucker aufkochen. 5–10 Minuten köcheln lassen. Abgekühlt als sehr scharfe Würzsauce servieren.

Süßscharfe Orangensauce

Zubereitung 10 Minuten
Ergibt etwa 350 ml

Zutaten

¼–½ rote Thai-Chilischote | 300 ml Orangensaft, frisch gepresst | Saft von 1 Limette | 1 TL helle Sojasauce | 3 EL Honig | 10 g Speisestärke

▍ Die Chilischote sehr fein hacken. Mit Orangen- und Limettensaft, Sojasauce und Honig aufkochen. Die Speisestärke mit 2 Esslöffeln Wasser glatt rühren und unter Rühren in die kochende Sauce geben. Die Sauce weitere 2 Minuten köcheln lassen und warm servieren.

Teriyakisauce

Zubereitung 30 Minuten
Ergibt etwa 300 ml

Zutaten

20 g frischer Ingwer | 1 Karotte | 2 Zwiebeln 240 ml Mirin oder Reiswein | 240 ml Sojasauce | 120 g Zucker

▍ Den Ingwer, die Karotte und die Zwiebeln schälen und grob würfeln. Das Gemüse mit den übrigen Zutaten in einen Topf geben und aufkochen. Die Sauce 15–20 Minuten köcheln lassen, bis sie eine sirupartige Konsistenz hat. Durch ein Sieb abseihen und warm oder lauwarm servieren oder als Würzsauce verwenden.

Handgerolltes Sushi mit bunter Füllung

Zubereitung 30 Minuten plus 25 Minuten zum Kochen und Quellen
Ergibt 20 Tüten

Zutaten

10 Noriblätter

Für den Sushireis
4 EL japanischer Reisessig
2 EL Zucker
Salz
300 g Rundkornreis

Für das Omelett
3 Eier
125 ml Gemüsebrühe
1 EL Öl

Außerdem
400 g rohes oder geräuchertes Lachsfilet
1 Avocado
100 g Salatgurke
1 große Karotte
100 g Keniabohnen
etwas Wasabipaste
1 Kästchen Kresse (nach Belieben)
1 TL eingelegter Ingwer (nach Belieben)
Sojasauce zum Dippen

▌**Sushireis:** Reisessig, Zucker und ½ Teelöffel Salz aufkochen, vom Herd nehmen und abkühlen lassen. Den Reis waschen, in einem Sieb abtropfen lassen, dann mit 330 Milliliter Wasser in einem Topf zuge-deckt zum Kochen bringen. 5 Minuten sprudelnd kochen, dann bei reduzierter Hitze weitere 10 Minuten köcheln lassen. Den Reis vom Herd nehmen und 10 Minuten zugedeckt quellen lassen. In eine Schüssel geben und nach und nach die Essigmischung unterrühren. Abkühlen lassen.

▌**Omelett:** Die Eier mit der Gemüsebrühe und 1 Teelöffel Salz verschlagen. Das Öl in einer Pfanne erhitzen und die Eiermischung hineingießen. Die Hitze reduzieren und das Omelett stocken lassen. Abgekühlt in bleistiftdicke Streifen schneiden.

▌Den Lachs, das Fruchtfleisch der Avocado, die Gurke und die Karotte ebenfalls in bleistiftdicke Streifen schneiden. Die Bohnen in kochendem Salzwasser blanchieren und in kaltem Salzwasser abschrecken.

▌Die Noriblätter in der Mitte falten und auseinanderbrechen. Eine Noriblatthälfte so in die eine Hand nehmen, dass die glänzende Seite nach unten zeigt. In die Mitte des Blattes 1 Löffel Sushireis geben und diesen auf einer Blatthälfte verteilen. Wenig Wasabipaste auf den Reis streichen und jeweils 1 Streifen Lachs, etwas Omelette, Avocado, Gurke, Karotte und Bohnen darauf verteilen. Nach Belieben etwas Kresse oder Ingwer daraufgeben und darauf achten, dass die Füllung zur oberen linken Ecke des Noriblattes zeigt.

▌Die linke untere Ecke des Blattes über die Füllung schlagen und das Blatt mit der Füllung zu einer Tüte aufrollen. Mit den anderen Blättern ebenso verfahren. Die Sojasauce mit etwas Wasabi vermischen und zu den Tüten reichen.

Sushi mit Paprika und Zander

**Zubereitung 30–40 Minuten plus
25 Minuten zum Kochen und
Quellen und 30 Minuten zum
Kühlen
Ergibt 3 Sushirollen**

Zutaten

3 Noriblätter

Für den Sushireis
4 EL japanischer Reisessig
2 EL Zucker | ½ TL Salz
300 g Rundkornreis

Außerdem
½ Avocado | ½ rote Paprika-
schote | 100 g ganz frisches
Zanderfilet | ½ Bund Koriander
2 TL Wasabipaste

Zum Servieren
150 ml Sojasauce
2 EL eingelegter Ingwer
2 Zweige Kerbel

▌ **Sushireis:** Reisessig, Zucker und ½ Teelöffel Salz aufkochen, vom Herd nehmen und abkühlen lassen. Den Reis waschen, zum Abtropfen in ein Sieb geben, dann mit 330 Milliliter Wasser in einem Topf zugedeckt zum Kochen bringen. 5 Minuten sprudelnd kochen, bei reduzierter Hitze weitere 10 Minuten köcheln lassen. Den Reis vom Herd nehmen und 10 Minuten zugedeckt quellen lassen. In eine Schüssel geben und nach und nach die Essigmischung unterrühren. Auf Raumtemperatur abkühlen lassen.

▌ Das Fruchtfleisch der Avocado und die Paprikaschote in bleistiftdicke, längliche Streifen schneiden. Das Fischfilet bei Bedarf von der Haut schneiden, entgräten und ebenfalls in Streifen schneiden. Den Koriander waschen, trocken schütteln und die Blätter fein schneiden.

▌ Die Noriblätter auf einer Bambusmatte mit der glänzenden Seite nach unten nebeneinander ausbreiten. Die Hände anfeuchten und je eine Handvoll Reis auf einem Noriblatt verteilen. So flach drücken, dass oben noch 1 Zentimeter des Noriblatts zu sehen ist. In der Mitte des Reisbettes der Länge nach etwas Wasabi aufstreichen. Darauf Avocado, Paprika, Zander und Koriander verteilen.

▌ Das vordere Ende der Bambusmatte anheben und die Sushirollen vorsichtig aufrollen. Mit den Händen in Form bringen und zugedeckt 30 Minuten kühl stellen. Zum Servieren in 2 Zentimeter breite Stücke schneiden. Mit dem eingelegten Ingwer, der Sojasauce, Kerbelblättchen und der restlichen Wasabipaste servieren.

Sushi-Bällchen mit Lachs und Gurke

**Zubereitung 25 Minuten plus
einige Stunden zum Kühlen
Ergibt 20–30 Stück**

Zutaten

50 g Räucherlachs | ½ Gurke
½ Rezept Sushireis (siehe
oben)

Außerdem
Sojasauce | eingelegter Ingwer
Wasabipaste

▌ Den Lachs in sehr dünne und etwa briefmarkengroße Stücke schneiden. Die Gurke schälen, der Länge nach dünn aufschneiden und in ebenso große Stücke schneiden.

▌ Ein Stück Klarsichtfolie (10 × 10 Zentimeter) auf die Arbeitsfläche legen und in die Mitte 1 Stück Lachs setzen. 1 Teelöffel Sushireis mit angefeuchteten Händen zu einer lockeren Kugel formen und daraufgeben. Die Folienecken nach oben nehmen und die Folie wie einen Beutel fest zusammendrehen. Dabei soll der Reis mit dem Lachs zusammengedrückt werden.

▌ Auf diese Weise etwa 15 Bällchen mit Lachs und Gurke formen. Die Bällchen für einige Stunden in den Kühlschrank legen und mit Sojasauce, eingelegtem Ingwer und etwas Wasabipaste servieren.

Bunt gefüllte Sushis

**Zubereitung 30 Minuten plus
25 Minuten zum Kochen und
Quellen
Ergibt etwa 18 Stück**

Zutaten

3 Noriblätter

Für den Sushireis
4 EL japanischer Reisessig
1 EL Zucker | ½ TL Salz
150 g Rundkornreis
Wasabipaste

Für die Füllung
100 g Avocado, Fruchtfleisch
ausgelöst | Saft von ½ Limette
120 g Forellen- oder Lachs-
rogen

Außerdem
Sojasauce | eingelegter Ingwer

▌**Sushireis:** 2 Esslöffel Reisessig, Zucker und ½ Teelöffel Salz aufkochen, vom Herd nehmen und abkühlen lassen. Den Reis waschen,
zum Abtropfen in ein Sieb geben, dann mit 165 Milliliter Wasser in
einem Topf zugedeckt zum Kochen bringen. 5 Minuten sprudelnd
kochen, bei reduzierter Hitze weitere 10 Minuten köcheln lassen.
Den Reis vom Herd nehmen und 10 Minuten zugedeckt quellen lassen. In eine Schüssel geben und nach und nach die Essigmischung
unterrühren. Auf Raumtemperatur abkühlen lassen.

▌Die Noriblätter in Streifen (2 × 15 Zentimeter) schneiden. Den restlichen Reisessig und 250 Milliliter Wasser in einer Schale mischen.
Die Hände in das Essigwasser tauchen und 1 Esslöffel Reis oval formen. Eine Hand abtrocknen, mit dem Finger etwas Wasabipaste auf
den Reis streichen und den Reis in einen Noristreifen wickeln. Dabei
soll der Noristreifen an einer Seite etwa ½ Zentimeter überstehen.
Das Ende des Streifens mit einem zerdrückten Reiskorn ankleben
und so fortfahren, bis der Reis und die Blätter aufgebraucht sind.

▌**Füllung:** Die Avocado fein würfeln und mit dem Limettensaft beträufeln. Die Reisschiffchen nebeneinander auf eine Platte stellen und
mit Avocado und Fischrogen füllen. Mit Sojasauce, eingelegtem Ingwer und Wasabipaste servieren.

Buntes Kinder-Sushi

**Zubereitung 45 Minuten
Ergibt etwa 24 Stück**

Zutaten

1 Rezept Sushireis
(siehe Seite 126)

Für den Belag
100 g Melone, geschält und
entkernt | 60 g gekochter
Schinken | 8 Scheiben Käse

▌Zwei oder drei Plätzchenausstecher (Form nach Belieben) in Wasser
tauchen und jeweils mit Sushireis füllen. Den Reis dabei fest in die
Ausstecher drücken, dann vorsichtig herauslösen und auf eine Platte
setzen.

▌Die Melone in möglichst große Scheiben schneiden. Mit den Ausste-
chern Melone, Schinken und Käse ausstechen und die Scheiben auf
die passenden Reisformen legen. Nach Belieben garnieren.

Omelett-Täschchen mit Shiitakepilzen

Zubereitung 30 Minuten plus 25 Minuten zum
Kochen und Quellen
Ergibt 6 Päckchen

Zutaten

Für den Sushireis
4 EL japanischer Reisessig
2 EL Zucker
½ TL Salz
300 g Rundkornreis

Für die Füllung
2 EL Sesam
10 Shiitakepilze
3 Frühlingszwiebeln
1 EL Sesamöl
1 TL Sojasauce
1 TL Fischsauce

Für die Omeletts
1 Bund Schnittlauch
3 TL Speisestärke
3 Eier
3 Eigelb
Salz
Öl zum Backen

▌**Sushireis:** Reisessig, Zucker und ½ Teelöffel Salz aufkochen, vom Herd nehmen und abkühlen lassen. Den Reis waschen, zum Abtropfen in ein Sieb geben, dann mit 330 Milliliter Wasser in einem Topf zugedeckt zum Kochen bringen. 5 Minuten sprudelnd kochen, bei reduzierter Hitze weitere 10 Minuten köcheln lassen. Den Reis vom Herd nehmen und 10 Minuten zugedeckt quellen lassen. In eine Schüssel geben und nach und nach die Essigmischung unterrühren. Auf Raumtemperatur abkühlen lassen.

▌**Füllung:** Den Sesam in einer Pfanne ohne Fett rösten. Pilze und Frühlingszwiebeln putzen und in feine Streifen schneiden. Das Sesamöl in einem Wok erhitzen, Pilze und Frühlingszwiebeln darin anbraten, mit Soja- und Fischsauce würzen. Abkühlen lassen und mit dem Sesam (1 Teelöffel beiseitelegen) und dem Reis verrühren.

▌**Omeletts:** Vom Schnittlauch einige schöne Halme beiseitelegen. Den restlichen Schnittlauch in feine Röllchen schneiden. Die Stärke mit 2 Esslöffeln Wasser glatt rühren, dann mit den Eiern, Eigelben, den Schnittlauchröllchen und dem Salz zu einem glatten Teig verrühren. Je 1 Esslöffel Öl in einer beschichteten Pfanne erhitzen. Darin nacheinander 6 dünne Omeletts backen, ohne dass diese Farbe annehmen. Auf einem Rost abkühlen lassen.

▌Je 2 Esslöffel Füllung in die Mitte der Omeletts geben. Den unteren Rand über die Füllung schlagen, dann die Seiten zur Mitte hin umschlagen und jedes Omelett zu einem Päckchen zusammenrollen und mit einem Schnittlauchhalm verschnüren. Mit dem restlichen Sesam bestreuen.

Sushi aus gefülltem Tintenfisch

Zubereitung 30 Minuten plus 25 Minuten zum Kochen und Quellen und 1 Stunde zum Ruhen
Ergibt ca. 24 Scheiben

Zutaten

Für den Tintenfisch
4–6 mittelgroße Tintenfischtuben
3 EL Reisessig
1 EL Zucker
1 TL Salz
1 EL Sojasauce

Für den Sushireis
2 EL japanischer Reisessig
1 EL Zucker
½ TL Salz
150 g Rundkornreis

Für das Gemüse
100 g Keniabohnen
1 rote Paprikaschote (etwa 100 g)
1 Stück Salatgurke (etwa 100 g)
10 g Ingwer
5 Zweige Koriander

▌**Tintenfisch:** Die Tintenfischtuben mit Reisessig, Zucker, Salz und Sojasauce in einen Topf geben. So viel Wasser angießen, dass die Tuben bedeckt sind, aufkochen und 5 Minuten köcheln lassen. Den Tintenfisch im Essigsud erkalten lassen.

▌**Sushireis:** Den Reisessig, Zucker und Salz aufkochen, vom Herd nehmen und abkühlen lassen. Den Reis waschen, zum Abtropfen in ein Sieb geben, dann mit 165 Milliliter Wasser in einem Topf zugedeckt zum Kochen bringen. 5 Minuten sprudelnd kochen, bei reduzierter Hitze weitere 10 Minuten köcheln lassen. Den Reis vom Herd nehmen und 10 Minuten zugedeckt quellen lassen. In eine Schüssel geben und nach und nach die Essigmischung unterrühren. Auf Raumtemperatur abkühlen lassen.

▌**Gemüse:** Die Bohnen in kochendem Salzwasser blanchieren, dann in feine Scheiben schneiden. Paprikaschote und Gurke fein würfeln. Den Ingwer schälen und fein reiben. Den Koriander waschen, trocken schütteln und die Blätter in feine Streifen schneiden.

▌Die Tintenfischtuben abtropfen lassen. Das Gemüse, den Ingwer und den Koriander mit dem Sushireis vermischen und in die Tuben füllen. Vorsichtig andrücken, in Folie einpacken und 1 Stunde ziehen lassen. Mit einem scharfen Messer in Scheiben schneiden.

Süß & gerollt

Gerollte Desserts, Süßigkeiten und Gebäck
sollten ein eigenes Buch bekommen, so köstlich schmecken sie. Quarkpfannkuchen mit
Früchten werden zu bunten Sommerwraps,
zarte Reis-papierrollen mit exotischen Früchten
sind die asiatische Antwort darauf. Und mit
Quataif Asafiri, köstlichen Teigtäschchen mit
Rosencreme-Füllung, geht die kulinarische
Reise weiter in den Orient.

Krosse Feigenpäckchen mit Zitronenthymian

**Zubereitung 25–30 Minuten plus 25–30 Minuten
zum Backen
Ergibt 12 Päckchen**

Zutaten

24 Blätter Filoteig (à 12 × 12 cm)

Für die Füllung
12 große, vollreife Feigen
2 Zweige Zitronenthymian
120 g Ziegenfrischkäse
30 g brauner Zucker
Schale und 1 TL Saft von
½ unbehandelten Orange
1 Prise Salz
1 Eigelb

Außerdem
flüssige Butter zum Bestreichen

▌ Die Feigen waschen und den Stiel abtrennen. Die Früchte kreuzweise einritzen und die Schnittkanten mit den Fingern etwas auseinanderdrücken. Den Zitronenthymian waschen, trocken schütteln und die Blätter hacken. Mit Ziegenkäse, Zucker, Orangenschale, Orangensaft, Salz und Eigelb verrühren.

▌ Den Backofen auf 200 °C vorheizen. Die Filoteigblätter dünn mit der flüssigen Butter bestreichen und je zwei Blätter übereinander auf die Arbeitsfläche legen. In die Mitte jeweils eine Feige setzen und diese mit 1–2 Teelöffeln Ziegenkäsemasse füllen. Die Teigränder zur Mitte hochziehen und mit einem Bändchen fixieren. Auf ein mit Backpapier belegtes Backblech setzen, die Teigpäckchen mit etwas flüssiger Butter bestreichen und im Backofen in 25–30 Minuten goldbraun backen.

Tipp: Die Feigenpäckchen schmecken heiß oder kalt mit Zimt-Sahne oder Vanillesauce (siehe Seite 145).

Aprikosenstrudel mit Topfen und Vanille

Zubereitung 55 Minuten plus 40–50 Minuten zum Backen
Ergibt 2 Strudel

Zutaten

Für den Strudelteig
300 g Mehl
150 ml lauwarmes Wasser
4 EL Pflanzenöl
6 g Salz
Mehl zum Verarbeiten
100 g flüssige Butter zum Bestreichen
2 EL Semmelbrösel

Für die Füllung
600 g vollreife Aprikosen
400 g Topfenquark
Saft und abgeriebene Schale von
½ unbehandelten Zitrone
Schale von ¼ unbehandelten Orange
Mark von 1 Vanilleschote
2 Eigelb
80 g Waldblütenhonig
80 g geröstete Mandeln, gemahlen
30 g Biskuitbrösel (siehe Tipp), ersatzweise
gemahlene Kekse

▌ **Teig:** Mehl, Wasser, Öl und Salz verkneten. Den Teig in zwei Portionen teilen, diese in Klarsichtfolie gewickelt 30 Minuten bei Raumtemperatur ruhen lassen.

▌ **Füllung:** Die Aprikosen waschen, entsteinen und grob würfeln. Den Quark mit Zitronensaft und -schale, Orangenschale, Vanillemark, Eigelben, Honig, Mandeln und Biskuitbröseln verrühren.

▌ Die Teigbälle auf der mit Mehl bestäubten Arbeitsfläche zu Rechtecken ausrollen. Dann über die Handrücken vorsichtig hauchdünn auseinanderziehen. Die Teig-Rechtecke auf ein bemehltes Tuch legen, die dicken Kanten rundherum abtrennen. Den Teig vorsichtig mit flüssiger Butter bestreichen.

▌ Den Backofen auf 220 °C vorheizen. Jeweils auf dem unteren Drittel des Teiges zuerst 1 Esslöffel Semmelbrösel, dann die Quarkmasse und die Aprikosenwürfel verteilen. Dabei rundum einen 5 Zentimeter breiten Rand lassen. Die Teigränder von rechts und links über die Füllung schlagen und die Strudel mithilfe des Tuchs fest zu einer Rolle aufrollen. Vorsichtig auf ein mit Backpapier belegtes Backblech legen. Mit flüssiger Butter bestreichen und im vorgeheizten Backofen 40–50 Minuten backen. Währenddessen zwei- bis dreimal mit flüssiger Butter bestreichen.

Tipps: Servieren Sie den Strudel kalt mit Zimt-Orangen-Karamell (siehe Seite 144) oder Vanillesauce (siehe Seite 145). Biskuitbrösel stellt man einfach her, indem man einen Biskuitboden einige Tage trocknen lässt und in der Küchenmaschine mahlt. Wenn es schnell gehen soll, kann man auch gekaufte Löffelbiskuits zwischen den Fingern zerreiben. Aprikosen sind die ideale Füllung für einen Sommerstrudel. Füllen Sie den Teig im Herbst mit Äpfeln oder Quitten, Zimt, Rosinen und Nüssen.

Zitruscrêpes mit Sauerrahmeis und Zitronenhonig

Zubereitung 40 Minuten
plus 2–3 Stunden zum Gefrieren
Für 4–6 Personen

Zutaten

Für das Sauerrahmeis
800 g Sauerrahm
180 g Puderzucker
Saft von 2 Zitronen

Für den Zitronenhonig
4 Bio-Zitronen
5 EL Honig

Für die Crêpes
2 Eier
Schale von 1 unbehandelten Zitrone
Mark von ¼ Vanilleschote
50 g Puderzucker
200 ml Milch
80 g Mehl
1 Prise Salz
50 g flüssige Butter
Butterschmalz zum Backen

▌ **Sauerrahmeis:** Sauerrahm, Puderzucker und Zitronensaft verrühren und in einer Eismaschine nach Anleitung des Herstellers cremig gefrieren. Alternativ das Eis im Tiefkühlfach zubereiten: Die gefrierende Masse immer wieder mit dem Stabmixer pürieren, bis das Eis cremig gefroren ist.

▌ **Zitronenhonig:** Von ½ Zitrone feine Zesten abtrennen und mit dem Honig in einem kleinen Topf erhitzen. Die Zitronen auspressen. Den Zitronensaft unter den Honig rühren, um die Hälfte reduzieren und warm halten.

▌ **Crêpes:** Eier, Zitronenschale, Vanillemark und Puderzucker glatt rühren. Milch und Mehl abwechselnd zur Eimasse geben, das Salz zufügen und alles zu einem glatten Teig verrühren. Zum Schluss die flüssige Butter untermischen.

▌ Jeweils etwas Butterschmalz in einer beschichteten Pfanne (20 Zentimeter Durchmesser) zerlassen und nacheinander 20 sehr dünne Crêpes ausbacken. Je 1 Crêpe mit etwas Zitronenhonig beträufeln, einen zweiten darauflegen und zusammen zu einem Röllchen einrollen.

▌ Die Röllchen vor dem Servieren in Scheiben schneiden und mit dem restlichen heißen Zitronenhonig übergießen. Mit dem Sauerrahmeis servieren.

Quataif Asafiri – Orientalische Täschchen mit Cremefüllung

Zubereitung 1 Stunde
Für 4 Personen

Zutaten

Für den Teig
5 g Hefe
200 ml Milch
je 1 Prise Zucker und Salz
1 Msp. Safran
½ TL Backpulver
½ TL Natron
200 g Mehl
Öl zum Backen

Für die Füllung
100 g Mascarpone
2–4 TL Honig
1 EL Rosenwasser
2 TL gehackte Pistazien
2 TL getrocknete und zerbröselte Rosenblütenblätter

Für den Rosensirup
200 g Honig
Saft von 1 Zitrone
2 EL Rosenwasser

▌**Teig:** Die Hefe zerbröckeln und mit etwas lauwarmer Milch übergießen. Nach 5 Minuten mit Zucker, Salz, Safran und der übrigen Milch verrühren. Backpulver, Natron und Mehl mischen und mit der Hefemilch verrühren. Den Teig kräftig durchschlagen und mit einem Tuch bedeckt 30 Minuten ruhen lassen. Dann nochmals kräftig durchschlagen und so viel Wasser oder Mineralwasser einrühren, dass der Teig einem dickflüssigen Pfannkuchenteig ähnelt.

▌Eine beschichtete Pfanne mit etwas Öl ausreiben, erhitzen und kleine Pfannkuchen (10 Zentimeter Durchmesser, ½ Zentimeter dick) darin backen. Die Pfannkuchen nicht wenden; sie sollen auf einer Seite goldbraun, auf der anderen Seite noch leicht klebrig sein. Sofort weiterverarbeiten: Jeden Pfannkuchen so in die Hand nehmen, dass die nicht gebackene Seite nach oben zeigt. Die Ränder der nicht gebackenen Seite aufeinanderklappen und bis zur Hälfte so zusammendrücken, dass eine halbmondförmige Tasche entsteht. Abkühlen lassen.

▌**Füllung:** Mascarpone nach Geschmack mit Honig und Rosenwasser abschmecken. Die Hälfte der Pistazien und Rosenblütenblätter unterrühren. Die Creme in die Täschchen füllen, diese in die restlichen Pistazien und Rosenblütenblätter dippen.

▌**Rosensirup:** Alle Zutaten aufkochen und abkühlen lassen. Die Täschchen vor dem Servieren damit besprenkeln.

Tipp: Servieren Sie die Täschchen frisch, denn Mascarpone nimmt im Kühlschrank schnell den Geschmack anderer Lebensmittel an.

Salsa & Dip

Koriander-Zartbitter

Zubereitung 15 Minuten
Ergibt etwa 180 ml

Zutaten

100 ml Milch
1 Msp. gemahlener Koriander
50 g Zartbitterschokolade | 30 ml Olivenöl

▍Die Milch mit dem Koriander aufkochen und 10 Minuten ziehen lassen. Anschließend die Schokolade in der heißen Milch auflösen und mit dem Pürierstab homogenisieren. Zuletzt das Olivenöl untermixen.

Chili-Aprikosen

Zubereitung 25 Minuten
Ergibt etwa 500 ml

Zutaten

500 g Aprikosen | 100 g brauner Zucker
Saft von 1 Zitrone | Chilipulver nach Geschmack

▍Den Backofen auf 200 °C vorheizen. Die Aprikosen waschen, entsteinen, grob würfeln und in eine flache Form oder auf ein Backblech geben. Mit dem Zucker bestreuen, mit dem Zitronensaft beträufeln und 15–20 Minuten backen. Die weichen Aprikosen in einer Küchenmaschine pürieren und mit dem Chilipulver würzen.

Zimt-Orangen-Karamell

Zubereitung 15 Minuten
Ergibt 150–250 ml

Zutaten

70 g Zucker | 600 ml Orangensaft, frisch gepresst | Schale von 1 unbehandelten Orange | 1 Zimtstange
1 TL Speisestärke (nach Belieben)

▍Den Zucker in einem Topf goldbraun karamellisieren und mit dem Orangensaft ablöschen. Orangenschale und Zimtstange zugeben und die Sauce um zwei Drittel einkochen. Nach Belieben die Speisestärke mit etwas Wasser glatt rühren und die Sauce damit binden oder die Sauce so lange weiter einkochen, bis sie eine sirupartige Konsistenz hat.

Vanillesauce

Zubereitung 20 Minuten
Ergibt etwa 500 ml

Zutaten

1 Vanilleschote | 100 ml Sahne
330 ml Milch | 70 g Zucker | 4 Eigelb

■ Das Mark der längs halbierten Vanilleschote herausschaben. Sahne, Milch, Vanillemark und Vanilleschote zum Kochen bringen. Den Zucker mit den Eigelben in einer Metallschüssel schaumig schlagen und mit der heißen Milch-Sahne-Mischung verrühren. Die Vanillesauce auf einem heißen Wasserbad so lange rühren, bis sie 85 °C erreicht hat und dickflüssig wird. Die Sauce auf Eiswürfeln kalt rühren und möglichst rasch verbrauchen.

Rotwein-Gewürz-Sauce

Zubereitung 20 Minuten
Ergibt etwa 150 ml

Zutaten

100 g Zucker | 150 ml Portwein
150 ml Rotwein | ½ Vanilleschote
1 Stange Zimt | 1 Sternanis
1 Msp. gemahlener Kardamom
1 Stück Schale von 1 unbehandelten Orange
½ TL Speisestärke

■ Den Zucker in einem großen Topf karamellisieren, mit Portwein und Rotwein ablöschen und aufkochen. Das ausgeschabte Vanillemark und die Vanilleschote, die Zimtstange, den Sternanis, den Kardamom sowie die Orangenschale dazugeben und die Sauce um zwei Drittel reduzieren. Die Gewürze entfernen, die Speisestärke mit etwas Wasser glatt rühren und in die kochende Sauce rühren. 5 Minuten köcheln lassen und nach Belieben heiß oder kalt servieren.

Biskuit mit Orange und Koriander

**Zubereitung 25 Minuten plus
7–10 Minuten zum Backen
Ergibt 10–12 Schnecken**

Zutaten

Für den Biskuit
3 Eier
75 g Zucker, mehr zum Verarbeiten
Salz
1 Msp. gemahlener Koriander
75 g Mehl
50 g Speisestärke

Außerdem
3 EL Orangenlikör zum Beträufeln
100 g Bitterorangenmarmelade zum
Bestreichen
2 TL Puderzucker zum Bestäuben

▌ Den Backofen auf 180 °C vorheizen und ein Back-blech mit Backpapier oder mit einer Silikonmatte auslegen. Die Eier mit Zucker, 3 Esslöffeln lauwar-mem Wasser, Salz und Koriander in 10 Minuten cremig weiß schlagen. Das Mehl mit der Speise-stärke mischen, auf die Eimasse sieben und zügig unterheben. Den Biskuitteig gleichmäßig auf das Backpapier streichen und 7–10 Minuten backen (die Ränder dürfen nicht kross werden!).

▌ Den Biskuitteig auf ein mit Zucker bestreutes, feuchtes Küchenhandtuch stürzen, sofort mit dem Orangenlikör beträufeln und mit der Marmelade bestreichen. Den Biskuitboden mithilfe des Küchen-handtuchs von der langen Seite fest einrollen. Dann in dicke Scheiben schneiden. Mit dem Puder-zucker bestäuben.

Tipp: Dazu passt leicht gesüßter Joghurt oder Schlagsahne. Als Garnitur eignen sich kandierte Orangenscheiben (siehe Bild), für Kinder Schoko-stäbchen oder Smarties.

Bunte Sommerwraps mit Früchten und Kräutern

Zubereitung 40 Minuten
Ergibt 4 Wraps

Zutaten

Für die Pfannkuchen
4 Eier
80 g Zucker
Mark von ½ Vanilleschote
Schale von je 1 unbehandelten Zitrone und
Orange
1 Prise Salz
200 g Quark
50 g Milch
100 g Mehl
Butterschmalz zum Backen

Für die Füllung
600 g gemischte Früchte der Saison
(z.B. Beeren, Kirschen, Aprikosen, Pfirsiche
oder Melone)
1 Handvoll gemischte Wildkräuter nach
Belieben, ersatzweise Küchenkräuter
50 g Puderzucker
1 TL selbst gemachter Vanillezucker
(siehe Tipp)
150 ml Sauerrahm zum Bestreichen

▌**Füllung:** Die Früchte waschen, bei Bedarf entsteinen oder schälen, und große Früchte in mundgerechte Würfel oder Streifen schneiden. Die Wildkräuter waschen, trocken schütteln und die Blätter abzupfen.

▌**Pfannkuchen:** Die Eier trennen und 3 Eiweiße beiseitestellen. Die Eigelbe und 1 Eiweiß mit der Hälfte des Zuckers, dem Vanillemark, der Zitronen- und Orangenschale und dem Salz schaumig rühren. Dann den Quark und die Milch unterrühren. Zuletzt die 3 Eiweiß mit dem restlichen Zucker cremig-steif schlagen und zusammen mit dem gesiebten Mehl unter die Quarkmasse ziehen.

▌Jeweils etwas Butterschmalz in einer beschichteten Pfanne erhitzen, nacheinander 4 Pfannkuchen backen und auf einem Rost abkühlen lassen.

▌Die Früchte mit Puderzucker und Vanillezucker mischen. Jeden Pfannkuchen mit etwas saurer Sahne bestreichen, mit Früchten und Wildkräutern belegen und wie ein Omelett zusammenfalten.

Tipp: Selbst gemachter Vanillezucker ist aromatischer als gekaufter. Seine Herstellung ist einfach: Eine ausgeschabte Vanilleschote und Zucker in ein verschließbares Gefäß geben. Schon nach wenigen Tagen hat der Zucker das Vanillearoma angenommen. Mit getrockneter Orangenschale kann man auf diese Weise Orangenzucker herstellen.

Blätterteigschnecken mit fruchtiger Nussfüllung

Zubereitung 20 Minuten plus 15–20 Minuten zum Backen
Ergibt 14–16 Stück

Zutaten

450 g Blätterteig (TK)
Mehl zum Verarbeiten

Für die Füllung
50 g getrocknete Aprikosen
50 g getrocknete Feigen
200 g gemischte Nüsse
1 TL Honig
5 EL Aprikosenkonfitüre, plus 3 EL zum Glasieren
1 Eiweiß
1 Msp. gemahlener Zimt
Mark von ½ Vanilleschote
Saft und 1 TL Schale von 1 unbehandelten Orange
Saft und 1 TL Schale von ½ unbehandelten Zitrone
gehackte Pistazien zum Verzieren

▌ Den Blätterteig auftauen lassen.

▌ **Füllung:** Aprikosen, Feigen und Nüsse hacken und mit Honig, Konfitüre, Eiweiß, Zimt und Vanillemark in die Küchenmaschine geben. Den Orangen- und Zitronensaft sowie die Orangen- und Zitronenschale zufügen und alles zu einer Paste pürieren.

▌ Den Backofen auf 180 °C vorheizen und den Blätterteig auf der mit Mehl bestäubten Arbeitsfläche zu einem Rechteck ausrollen. Die Füllung aufstreichen und den Blätterteig von den beiden langen Seiten zur Mitte hin aufrollen.

▌ Mit einem scharfen Messer in 2,5 Zentimeter dicke Scheiben schneiden, diese nebeneinander auf ein mit Backpapier ausgelegtes Backblech legen und etwas flach drücken. Die Schnecken in 15–20 Minuten kross und goldbraun backen.

▌ Die Aprikosenkonfitüre mit 1 Esslöffel Wasser erhitzen und die Schnecken damit glasieren. Mit einigen Pistazien verzieren.

Kirschwickel

**Zubereitung 30 Minuten plus 1 Stunde zum Ruhen
und 25 – 30 Minuten zum Backen
Für 8 – 10 hitzefeste Gläser (à 80 ml Inhalt)**

Zutaten

Für den Teig
125 g ausgedrückter Magerquark
125 g Mehl, mehr zum Verarbeiten
125 g Butter, mehr zum Fetten der Gläser
70 g Puderzucker, mehr zum Bestäuben
1 TL Salz

Für die Kirschen
1 Glas Kaiserkirschen, entsteint
10 g Speisestärke
abgeriebene Schale von je ¼ unbehandelten
Orange und Zitrone
20 g Zucker

Für die Mohnfüllung
125 ml Sahne
70 g Zucker
Mark von ½ Vanilleschote
Schale von ¼ unbehandelten Orange
125 g gemahlener Mohn

▌**Teig:** Den Magerquark mit Mehl, Butter, Puderzucker und Salz zu einem festen Teig verkneten. Den Teig in Klarsichtfolie wickeln und 1 Stunde im Kühlschrank ruhen lassen.

▌**Kirschen:** Die Kirschen durch ein Sieb abseihen, dabei den Saft auffangen und 250 Milliliter abmessen. Die Stärke mit 2 Esslöffeln Kirschsaft anrühren. Den restlichen Saft mit der Orangen- und Zitronenschale sowie dem Zucker aufkochen. Die Stärke einrühren und den Kirschsaft unter Rühren 3 – 4 Minuten köcheln lassen. Die Kirschen mit so viel Saft vermischen, dass sie gerade überzogen sind. Den restlichen Saft beiseitestellen und als Sauce zu den fertigen Küchlein servieren.

▌**Mohnfüllung:** Die Sahne mit Zucker, Vanillemark und Orangenschale aufkochen. Den Mohn einrühren, unter Rühren einmal aufkochen, dann erkalten lassen.

▌Die Gläser mit Butter ausstreichen und 1 – 2 Teelöffel Kirschen hineingeben.

▌Den Teig auf einer mit Mehl bestäubten Arbeitsfläche zu einem Rechteck (1,5 Millimeter dick) ausrollen und dünn mit der Mohnfüllung bestreichen. Eine Reihe Kirschen darauf verteilen und den Teig von der langen Seite fest zusammenrollen.

▌Den Backofen auf 180 °C vorheizen. Von der Teigrolle mit einem scharfen Sägemesser 1 – 2 Zentimeter dicke Stücke abschneiden und diese mit der Schnittkante nach oben in die Gläser setzen. In 25 – 30 Minuten goldbraun backen. Die Kirschwickel mit Puderzucker bestäubt servieren.

Tipp: Schlagsahne, Rotwein-Gewürz-Sauce (siehe Seite 145) oder Koriander-Zartbitter (siehe Seite 144) verfeinern dieses Dessert noch mehr.

Süße Sommerrollen mit exotischen Früchten

Zubereitung 15 Minuten
Ergibt 12 Sommerrollen

Zutaten

12 Blätter dreieckiges Reispapier
(15 cm Kantenlänge)

Für die Füllung
1 kleine Orange
1 Banane
1 Thai-Mango
4 Litschis
2 Maracujas
1 EL Kokosflocken
4 Zweige Basilikum
2 Zweige Zitronenmelisse

▊ Die Orange schälen und die Filets mit einem scharfen Messer herausschneiden. Das übrige Fruchtfleisch ausdrücken und den Saft auffangen. Die Banane, die Mango und die Litschis schälen, würfeln und mit dem Orangensaft und den Filets mischen. Die Maracujas halbieren, das Mark herauskratzen und zu den übrigen Früchten geben.

▊ Die Kokosflocken in einer Pfanne ohne Fett rösten. Die Kräuter waschen, trocken schütteln und die Blätter abzupfen. Von beiden Kräutersorten je 12 schöne Blätter beiseitelegen. Die restlichen Kräuter fein schneiden und mit den Kokosflocken unter die Früchte mischen.

▊ Die Reispapierblätter 1–2 Minuten in lauwarmem Wasser einweichen, dann auf einer Arbeitsplatte ausbreiten. Jeweils 2–3 Esslöffel Früchte sowie je 1 Basilikum- und Zitronenmelisseblatt mit dem Reispapier wie eine Tüte einrollen.

Tipp: Reichen Sie Chili-Aprikosen (siehe Seite 144) oder Koriander-Zartbitter (siehe Seite 144) dazu.

Weiße Beerenrolle

**Zubereitung 15 Minuten plus 15–20 Minuten
zum Backen**
Ergibt 1 Rolle

Zutaten

250 g gemischte Beeren
4 Eiweiß
200 g Zucker
250 ml Sahne
Mark von 1 Vanilleschote

▌ Den Backofen auf 180 °C vorheizen und ein Backblech (20 × 30 Zentimeter) mit Backpapier auslegen. Die Beeren waschen und auf einem Tuch
trocknen lassen.

▌ Die Eiweiße steif schlagen, dabei nach und nach
den Zucker zugeben. So lange schlagen, bis der
Eischnee glänzende Spitzen zieht, wenn man den
Rührbesen herausnimmt. Die Masse auf das Backblech streichen und im vorgeheizten Backofen
15–20 Minuten backen. Das Baiser soll kaum Farbe
bekommen, an der Oberfläche kross und im Inne-
ren noch klebrig sein. Auf ein Stück Backpapier
stürzen und das Papier nach einigen Minuten vorsichtig von der Oberfläche lösen, sodass der Boden
keine Löcher bekommt.

▌ Die Sahne mit dem Vanillemark steif schlagen und
auf den abgekühlten Boden streichen. Die Beeren
darauf verteilen und den Boden von der langen Seite
zu einer Rolle einrollen. Noch am gleichen Tag
servieren.

Register

Danke:
Anja Boeffel, Sonja Schubert, Stephan und Fritz Lampen
Porzellanmanufaktur Reichenbach
Rosenthal GmbH
Kahla Porzellan
Ines Lang Keramik
Doris Bank Keramik

In gleicher Reihe erschienen ...

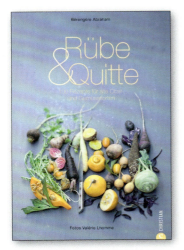

ISBN 978-3-86244-190-7

Altes Gemüse - neu entdeckt! 100 verführerische Rezepte für fast vergessene Obst- und Gemüsesorten.

ISBN 978-3-86244-188-4

Mit 100 Rezepten für Salate, Suppen, Snacks, ganze Fische und Filets kommt ganz einfach und doch raffiniert das Beste aus dem Meer auf den Tisch!

ISBN 978-3-86244-214-0

100 abwechslungsreiche Rezepte aus aller Welt für Erbsen, Bohnen, Linsen, Kichererbsen und andere Hülsenfrüchte, leicht und modern zubereitet.

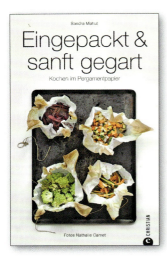

ISBN 978-3-86244-125-9

Eine Rolle Pergamentpapier plus die genialen 100 Rezepte von Sandra Mahut und Ihnen werden wahre Aromenwunder gelingen!

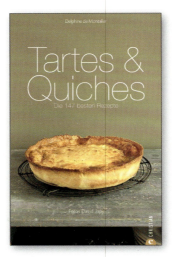

ISBN 978-3-88472-712-6

Tartes, Quiches, Pizzas, Pies & Co. sind ideal für Picknicks und Cocktailpartys oder ein großes Buffet.

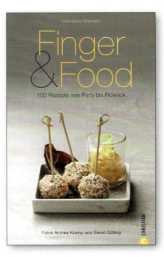

ISBN 978-3-86244-145-7

Finger & Food = Fingerfood. Wenig Geschirr, ein wenig Vorbereitung und diese 100 Rezepte – mehr Zutaten braucht sie nicht, die perfekte Party!

CHRISTIAN

www.christian-verlag.de